自分らしく
輝く人生を送るために

ごきげんに生きる55のカギ

横田麻里子

人生を後悔しないように生きる。
それだけで、たいていの困難は乗り越えられる。

はじめに

「今日も充実した幸せな一日だった！　明日も待ち遠しい！」
そんなふうに毎日をワクワクしながらごきげんに過ごせたら素敵だと思いませんか？

私は根っからのポジティブ人間ではなく、どちらかといえば心配性。考えても仕方ないことをモヤモヤ考えたり、クヨクヨ落ち込んだり……。

でも、「一度きりの人生、楽しまないともったいない！」そう思い、暗い気持ちになりそうなときはポジティブ思考に変換して考えるようにしています。「半分しかできなかった……」と落ち込むのではなく、「半分できた！」と前向きに捉える。何事もポジティブに変換する習慣のおかげで、フットワーク軽く行動できるようになりました。

「何かいいこと起きないかなー」と受け身で構えるのではなく、目指したい未来に向かって主体的に一歩を踏み出す。このように自分の人生の舵を自らがとることで、自分らしくワクワクする未来が切り開けると思うのです。

はじめまして！　横田麻里子と申します。
この本を手にとっていただき、ありがとうございます。

私は現在30代、小学校と保育園に通う2児の母で会社員です。
新卒から約11年間教育業界の編集者として働いていましたが、「仕事だけではなく人生を変えたい」「大切な人たちの人生を応援したい」という想いで業界も業種もまったく異なる金融機関に転職しました。

人生100年時代といわれる今、人生において多くの選択肢があると思います。かつて主流だった寿退社も今や昔。女性が働き続けるのが当たり前の世の中になり、社会で活躍し、注目される姿も増えてきました。さらに、結婚や出人との出会いが人生を変えると本気で思っています。
今回の出版も奇跡のような出会いのなかでチャンスをいただきました。

一人ひとりが自分らしく輝く人生を応援したい！

一人でも多くの人がごきげんに人生を楽しむことができたら……！
もっと生きやすく明るい社会が実現することでしょう。

今まさに育児中で今後の人生を模索しているワーキングマザーをはじめ、自分らしい幸せな人生を送りたいと思っているすべての人に向けてこの本を書きました。

かつての私が悩み、もがき、苦しんだとき。
あのときの私が「こんな本を読みたかった」という等身大の言葉を紡いでいます。暗闇のトンネルの中にいるかのようなこの先どうしていいかわからない

「日常は奇跡の積み重ね」

毎日は、決して当たり前ではありません。
今日という日を迎えたくても迎えられなかった人が必ずいます。

目の前のことに追われると目の前のことだけを意識してしまいがちですが、人生を俯瞰することで違った捉え方ができるかもしれません。

私は何か特別すごい人間ではないですが、後悔しないように自分らしい人生を追い求めたことで以前の私からは想像もつかないほど充実した毎日を過ごせるようになりました。

勇気を出して行動し続けた結果、たくさんのすばらしい出会いに恵まれてきました。いただいたご縁に心から感謝しています。

しかし、4歳からの趣味が「人生計画」で、ありたい姿・ワクワクする未来を常に描きながら日々さまざまなことにチャレンジして人生を前向きに楽しんでいます。

人生計画を立てるのは、たった1度しかない人生を後悔なく生きるため。その視点をもつと、生きていくなかで直面する課題に対処しやすくなるのです。

もちろん悩みがなくなるわけではありませんが、人生を俯瞰して思考を整理するとたいていのことは乗り越えていけます。

「人生を後悔しないように生きる」

たったそれだけのことで？　と思われるかもしれませんが、意識することで多くのことが変化します。私はそれを実感してきました。

産をきっかけに退職する女性が減り、妻であり、母であり、社会人であるという3役をこなすことがごく普通のことになってきました。

なんてすばらしい時代でしょう！　と手放しで喜びたいところなのですが、そんなに単純ではないのが実情。仕事のこと、家庭のことで悩む女性たちはまだまだ多いです。そして、育児に家事に仕事に目まぐるしい日々のなか自分の生き方について後まわしにしてしまい、やりたいことが分からなくなってしまったという声も少なくありません。

もちろん正解はないのですが、あなたの人生の主人公であるあなた自身が納得しながら、自分らしい人生を歩んでいくことが何よりも大切なのだと思います。

私自身3役をこなすワーキングマザーで、今でこそ自分らしく毎日イキイキと働けていると感じていますが、モヤモヤしている時代もありました。

モヤモヤしていた時期もありました。そんなときは、これまでかけていただいた言葉や本の言葉が支えになりました。人生の宝物といえる言葉の力で前を向いてこられたように、当時の葛藤も含めたすべての経験がこの本を通して希望になれたら……！

4歳からの趣味が人生計画である私の生き方・考え方が、あなたが前向きに未来を切り開くきっかけになったらこれ以上嬉しいことはありません。

2024年8月　横田麻里子

自分らしく輝く人生を送るために
ごきげんに生きる55のカギ　目次

第2章

ごきげんと仲良くなれるアクション

第3章 ごきげんをパワーアップする仲間づくり

第4章 ごきげんに生きるためのメッセージ

自己紹介

　これから私の思考やこれまでの経験などをお伝えしていくわけですが、正直とても怖いですし躊躇もあります。

なぜなら、私は著名人でもなければ、歳を重ねて人生経験を積んだ賢人でもないからです。みなさんと電車で隣り合わせるかもしれない、約１億２千万人もいる日本人のなかの目立たない一人でしかありません。

ただ、４歳から「後悔しない幸せな人生」について常に考え、自己対話しながら日々アクティブに生きているという自覚があります。幼少期から人生の終わりを意識している人があまりいないなか、これは私の大きな特徴です。

　本当は何かを成し遂げてから65歳で本を出すことが夢でした。言葉の力で、一人でも多くのかたの人生を前向きにするお手伝いをしたいと思っていたからです。しかし、人生いつ何があるか分かりません。そのため、今回いただいた出版依頼のチャンスを生かし、勇気をだしてこの本を書くことを決めました。

そこで、まだ何者でもない私を知っていただくために、まずは自己紹介をさせてください。

●幼少期〜小学校時代

１９８６年、両家初孫として生まれました。

父は仕事人間でありながら、家族も大切にしてくれる人。国内外出張で飛び回り、楽しそうにバリバリ働く社会人の大先輩としても尊敬しています。

母は私にとって主婦の鏡のような、２００％完璧な専業主婦であり母親です。かといって、家族のために自分を犠牲にしているような悲壮感はなくボランティアや趣味も楽しんでいます。

兄弟は弟が2人で、私は一番上。さらに9人のいとこもみんな年下で、親戚からも「麻里ちゃんがお手本ね」とよく頼られていました。自分でもその環境を負担と思わず、すっかり長女気質が身につきました。

自分の我を通すよりも、年下の子たちを優先したほうが丸く収まって平和。自然とそう考えるようになり、小学校ではあまり自分を出さなかったため比較的おとなしい子どもだったと思います。お祭りなどの列の順番を抜かされても気づかないふりをしたり、係決めも人気の係に手を挙げるのは控えてみたり。もともと気にしやすい性格だったこともあり、小学校時代は本を読んで過ごすことが多かったです。

ただ、４歳の頃からはじめた「後悔しない人生のために人生計画を立てる」ということが、成長するにつれて考え方にも影響するようになってきました。

人に譲ってばかりいると、正直モヤモヤすることも。勝手に不満を抱えることは、自分にも相手にも幸せなことではない。だから、自分のためにも相手のためにも本当の自分の気持ちを伝えたほうがいいはず。中学生になったら変わろう！　と決意しました。

●中学・高校時代

中学校に入学し、思いきって学級委員に立候補しました。もともと取りまとめることは得意だったため、みんなの意見を聞きながら自分の意見も言えるようになってきました。中学２年生では生徒会も務めました。家でも学校でも

「しっかり者の麻里ちゃん」が定着しました。

中学3年生の時に家族で本家に戻り、祖父母と同居することになりました。同居してからは特に、ご先祖さまをとても身近に感じながら育ってきました。家系図を見る機会も多く、わが家は将軍の家臣の家系ということで、生まれる時代が違ったら自分は武士だったのかと考えるようになったのがこの頃です。

幼い頃から音楽が大好きで、小学生の頃はリコーダーアンサンブルクラブの活動に打ち込んでいました。中学校では和太鼓と日本舞踊の部活、転校先では吹奏楽部に励みました。高校はキリスト教系の学校に入学し、ハンドベル部で活動しました。本格的な部活で、本番前は朝練・昼練もありました。高校2年生の夏休みには、ハンドベル部でアメリカ演奏旅行へ行き、ニューヨークからサンフランシスコまで各地のチャペルで演奏したのは忘れられない一生の思い出です。

私が音楽活動が好きでずっと続けているのは「仲間と一緒に切磋琢磨しながら一つの音楽がつくれること」、そして「演奏を聴いてくださる目の前のお客さまに喜んでいただきたい」という想いがあったからです。

●大学時代

高校卒業後は、東京女子大学に進学。「言語文化」「日本語教育」を専攻。

専攻科目の学びはもちろん、女性学・ジェンダーについても学んだことで女性の生涯にわたるキャリア構築力や女性の自己確立についても考えさせられました。少人数クラスでの仲間との学びや日々のディスカッションから、自ら学び考える主体性が養われたのも大学生活の影響が大きいです。

また、大学でも音楽を続けたかった私は合唱サークルに入りました。このサークルで、一生涯の仲間と、将来の夫となるパートナーと出会いました。

●社会人〜現在

大学卒業後は、熱望した憧れの教育系企業の国語の編集者となり社会人としての第一歩を踏み出しました。

やりがいのある仕事に打ち込み、入社3年目の24歳で結婚。

尊敬する社会人の先輩である父と、尊敬する家庭人の先輩である母の両方をロールモデルとして目指そうとしますが、完全なるキャパオーバーで自爆。夫との対話を重ね、自分たちらしい家庭のありかたを模索します。

仕事と家庭を両立しながら全力疾走の日々でしたが、第1子の娘を妊娠したことをきっかけに一度立ち止まり今後の人生について真剣に向き合いました。

「一度きりの人生、自分らしく輝く人生を送りたい！」

「自分も家族もまわりも大切に、ごきげんにハッピーに過ごしたい！」

この期間に考え、もがき、行動した結果、私が私らしくあるための将来像が見えてきました。娘と息子の育児と仕事を両立しながら、ずっとさがしていた天職にも巡り合うことができました。素敵な仲間たちにも出会え、ワクワクのスピードは加速しています。

人間なので悩んだり落ち込んだりすることはありますが、今、自分の人生に納得して家庭も仕事もごきげんに過ごせています。

どこか違う星のスーパーウーマンではなく、同じ星のどこにでもいるワーキングマザーの私だからこそ。今までの葛藤も含めたすべての経験を等身大の言葉でお伝えすることで、何か少しでもお役に立てるかもしれません。

それをこれからお伝えしていきます。

第１章

ごきげんを
呼び込む思考

感情を大切にすることが
心豊かに生きることにもつながりますが、
感情に流され振り回されてしまうと生きづらくなります。
だから、思考が大切なのです。
ごきげんを呼び込むカギも、自分の思考。
人生を俯瞰して本当に大切なことを取捨選択し、
自分の機嫌は自分でとりましょう。

1

人生の最期を意識することで今を大切にできる

「麻里ちゃん、16歳で死ぬよ!」

4歳の時、スイミングスクールで「手相を見てあげる」と言った友だちからの突然すぎるまさかの余命宣告。同い年の子どものたわいもないお遊びのひと言ではありましたが、この言葉は私の人生に大きな意味をもつものとなりました。

その後、泣きながら「16歳で死ぬって言われたの!」と母に訴えたのですが、その時に母からもらった言葉が今の私を導いてくれているのだと思っています。

「人はいつか必ず亡くなります。それは明日かもしれないし、誰にも分かりません。いつ死んでしまうか分からないからこそ、後悔しないように一生懸命生きないとね」

母は、たった4歳の私の訴えを子ども扱いせずにしっかり受け止めて応えてくれました。

それから強烈に「死」を意識するようになりました。寝る時に目をつぶるといろいろな考えが浮かんできたものです。

死ぬとどこへ行くのだろう？

もし私が今死んでしまったら、家族はどんな気持ちになるの？

自分がこの世からいなくなったあとのことを考えるのは恐怖でしかありませんでした。しばらく「死」が頭から離れぬ日々を過ごしましたが、ひとつはっきり理解したのは〝時間は有限〟ということ。

「生きていることは当たり前ではない。感謝しながら毎日を大切に過ごさなくてはいけない」

考えても仕方ないことをずっと考えるよりも、後悔しないように目指す未来に向かって精一杯生きよう！　われながら立派ですが、幼いながらにそう決意したのです。

人生いつまで続くか分からないからこそ、今を楽しく！

でも、先のこともしっかり考えて今を生きる。このバランスが大切です。
そこから、私の趣味は「人生計画」を立てることになりました。

命には限りがあるからこそ、幸せな夢を描いてみませんか？

2

限りある命を後悔しないように生きる！
それを決断するのは自分自身

人生の時間は有限です。それなら、貴重な時間をムダにはできません。
幼い私に母が教えてくれたとおり、「後悔しないように一生懸命に生きよう」と思いながら毎日を生きています。

私が人生の最期を迎える時、どんな気持ちでいたいのか。

「よく頑張った！　充実した人生だった！　幸せだった！」
心からそう思いたい。そのためには、どのような状態を目指すのか。

私が幸せだと思うことは、
「愛する家族がいて、みんなが心身ともに健康でハッピーであること」
「信頼できる友達や応援し合える仲間がいること」
「自分が天職だと思う仕事で多くの人のお役に立てること」

「ああ、やっぱりあの時やっておけばよかった」と後悔だけはしたくない。

このように、自分が目指したい人生をイメージして逆算して考えることで、日常の意識が変わります。具体的な目標をもつことで興味のアンテナが常に目指す方向へ向くため、必要な情報やチャンスが集まってくるのです。

後悔しない生き方をするためには、やりたいことや夢があった時に「叶えるのは大変そう」「今の状況ではムリ」「私にはできない」と早々にあきらめないことが大切です。

せっかく夢があっても、「現実は甘くない」という言葉を必要以上に気にすると夢に向かって突き進むことを躊躇しがちです。でも、やってみなければ分かりません。たとえまわりから反対されたとしても、自分の人生の責任は自分でとるしかありません。人の意見が気になる気持ちもよく分かりますが、チャレンジするのは自分自身です。

やりたいことや夢を実現させるために、何が何でも我を通すことをおすすめしているわけではありません。まわりとていねいにコミュニケーションを取りながら、できるだけ後悔しないようにやってみる。それがポイントです。やってみてすべてが思いどおりにいくとは限りません。でも、たとえうまくいかなかったとしても挑戦したことはポジティブな経験になるはず。

いきなり大きな夢と向き合うのはハードルが高いかもしれませんが、これまであまりチャレンジをしてこなかった人も日常的な「やりたいこと」に目を向けて、後悔しないための筋トレをはじめませんか？

また、私は人生の最期に「仕事ばかりしないで楽しみにも時間を使いたかった」「もっと大切な人たちとの時間をつくればよかった」と後悔したくないので、家族はもちろん仲間とも定期的に同窓会などを企画して集まっています。旅行に行ってリフレッシュしたり、自分なりに日々のご褒美をつくったりもしています。

そうすることで日々ごきげんに過ごすことができるので、仕事や子育てに注げるパワーもアップします。

人生の一瞬一瞬を悔いなく充実させながら過ごしたい。

後悔しない人生は、自分自身で選べます。
「後悔しないように一生懸命に生きる！」と決めるだけ。
自分次第で、ごきげんに生きていけるのです。

3

「今日も充実した一日を過ごせたか？」と自分に問いかけてみよう

充実した毎日を過ごしたい。多くのかたが願うことではないでしょうか。

今の私は、素敵な人たちに囲まれて天職と思える仕事に情熱を注ぐことができ、ありがたいことに「毎日が充実しています」と言えます。

でもそれは、私が何か特別な人間だからではありません。朝はバタバタ、保育園のお迎えはギリギリ。時に悩み、時に落ち込み涙する……ごく普通の30代のワーキングマザーです。

ただ、後悔しない人生を送るために、徹底的に自分と向き合い続けたこと。それが、今の充実した毎日を実現させてくれたのだと思っています。

実は私にも、充実しているとは言いがたい、モヤモヤした日々を送る時期がありました。

幼い頃から「後悔しないように生きよう」と意識してきたつもりですが、人間ですからうまくいかないことも当然あります。

新卒では熱望した憧れの会社に入り、編集者として仕事に没頭していました。やりがいのある仕事でまわりの人にも恵まれ、全力で働いていました。

仕事も会社も仲間も好きだから！　そう思い、エネルギーの大半を仕事に注いでいた結果、いつの間にか自分らしさを失っていました。私は本来フットワーク軽く人との出会いを楽しむタイプでしたが、家と会社との往復の日々で世界が広がっていない気がしてモヤモヤしていました。

そんな時に出産をし、子育てもはじめたことで人生の濃度が変化したのだと思います。とにかく、それまでとは時間の流れがまったく変わりました。

妊娠前は夜の8時といえば仕事のラストスパートの時間でしたが、出産後は夕飯を作ったり子どものお風呂や寝かしつけをしたりしなくてはいけない。この環境の変化のなかで、さまざまなことを考えました。

人生は仕事だけじゃない。そして子育てだけでもない。

「自分らしさ」ってなんだったっけ？

かわいい子どもを保育園に預けてまで心からやりたい仕事ってなんだろう？

命を使いたいと思う自分の「使命」を見つけたい……！

そこから、あらためて徹底的に自分と向き合い続けました。単に「後悔しない」と意識するのとは違う、真剣に人生を考えて「絶対に自分らしい生き方を見つけよう！」という決意です。自分はどんな未来を望んでいて、そのために今、どんなふうに毎日を充実させるのか。

この時にひたすら自分と向き合って考えて描いた将来像があったからこそ、今があります。もちろんこの将来像のとおりに人生を歩んでいるわけではありませんが、目指していた方向に進んでいる実感があるのです。

自分が描く未来に向けて頑張っていれば、結果的に充実した日々が手に入ると思っています。「今日も充実した一日を過ごせた？」と毎日自分に問いかけ振り返る習慣が、さらに素敵な未来へ導いてくれるのだと信じています。

4

計画どおりにならないのが人生の面白いところ。想像していなかった未来も楽しもう

子どもの頃から人生計画が趣味の私。将来、どんな人生を歩もうかと考えることはワクワクします。そのワクワクした気持ちこそが、充実した毎日を過ごすエネルギーにもなっています。

もちろん人生計画はそのとおりに実現するものでもないですし、まったく想像していなかった未来を楽しめることも人生の醍醐味。

私は新卒の就職活動では金融業界は考えていませんでしたが、ご縁をいただき今こうして金融機関に勤めています。

また、小学生の頃の将来の夢は作家でした。いつか何者かになって何かを成し遂げたら65歳で出版したいと夢を描いていましたが、それよりもずっと早く今このタイミングで本を書くことができました。

夢が前倒しされたことで新たな夢もできました。キャリアや人生で迷う一人でも多くのかたが自分らしくごきげんに生きられるために、講演家としてイベントなどでお話しして希望を与えられる存在になりたいと思います。

必死で自分と向き合って考えた人生計画から、逸れてしまっているように見えるでしょうか。私自身は、まったく逸れているとは思っていません。なぜなら、人生計画を考えるうえでの「軸」はブレていないからです。

私は、言葉を紡ぐことが好きです。そして、その言葉を必要としてくださる人たちに、ポジティブなパワーとしてお届けしたい。つまり、「世の中の人たちが自分らしく輝く人生を送る応援がしたい」のだと、自分と向き合ってみて気づきました。それを実現できる仕事が、講演家だと考えたのです。

しかし、今は講演家ではなく、お客さまの描く人生設計を実現させるためにご相談に乗ったりご提案したりする金融のプロになっています。

まったく違う職業のように感じられるかもしれません。ところが、実は言葉でポジティブなパワーや安心感をお届けして自分らしい人生を送るためのお手伝いをするという意味では、講演家と今の金融のプロとは想いが共通しています。

未来のことは分かりません。計画より早くチャンスが来ることも、計画当時は知らなかった道を見つけることもあります。

あるいは、計画どおりにいかないことも当然あります。私は心配症なので、理想のプランA案と一緒にプランB案も用意します。そして、最悪のパターンも想定しておくことで必要以上の心のダメージを避けています。

自分のなかの軸がブレることさえなければ、臨機応変に計画を書き換えていけばいいと思いませんか。そのほうがワクワクの計画はブラッシュアップされて、より自分らしい人生にしていけると思います。

5

日常は決して当たり前ではなく奇跡の積み重ね

後悔しないように自分らしく生きるにあたって、いつも意識していることがあります。それは、日常は決して当たり前ではないということ。

毎日、ニュースで事故や事件が報じられます。地震をはじめとした災害も、日本では珍しくないですし、海外に目を向ければ戦争もあります。悲しいことは常に起きており、それを見聞きすると思わず泣いてしまいます。

自分ではどうしようもないことで、苦しんだり命を落としたりする人がいる。そう思うと、耐えられないほどつらくなるのです。そして、運命は自分で切り開くことができても、抗えない宿命もあるのだと感じます。

小学生の頃、背が低いことがコンプレックスだった私は「もっと細長かったらよかったなー」と言ったら、祖母から「ちゃんと2本の足があって、自分の足で歩けていることがすばらしいのよ。おばあちゃまが戦争の頃はね……」と言われたことが印象に残っています。

たしかに、戦争のない時代に生まれたのは幸せなこと。私は幼少期から家系図を見せてもらい、ご先祖さまの話もよく聞いていました。実家は武士の家系。時代によっては戦いに翻弄される生き方しかできなかったでしょう。

そして、これから先だって何があるか分かりません。戦争のような世界情勢によるものから、病気や交通事故のような個人的なものまで、どんな災難がふりかかってきてもおかしくないのです。

だから、朝起きられて、ご飯を食べて、仕事をして、人と会話ができる、そんな日常すら当たり前ではないのですよね。

「日常は奇跡の積み重ね」――当たり前だと思っていた日常に感謝をすることで、後悔しないように自分らしく生きることもできると思っています。

幼少期からかなり感受性が強いからこそ、私は多くの人が気付かずにいる日常の何気ない幸せを感じてお伝えできるのかもしれません。

ただ、そんな私でも仕事に没頭するあまり心に余裕がなく日常に感謝することができない日々もありました。朝から晩まで仕事をしていた時は空を見上げる余裕もなかったですし、明るく輝く太陽の下でまぶし過ぎて元気がなくなると思った日もあります。風の心地よさにも道端に咲く花の美しさにも気付かないような荒んだ時期……。

そんな時期を越えて、以前にも増してふとした瞬間に幸せを味わうことができるようになったのは、きっと母親になったから。仕事以外に家庭や子どもに目を向ける必要が出てきて以前のようにアクセル全開で走れなくなったことが、結果的に日常を深く味わうことにつながったのだと思います。

それに加え、自分自身を見つめ直して働き方・生き方を変えたからでもあります。

幼い子どもたちに合わせてゆっくり行動したり、たわいもないことで笑ったり。それだけで心にゆとりが生まれて世の中の美しさが見えてきました。

あわただしい日々のなかにいると、時間に追われて心に余裕がなくなってしまいますよね。もし心がすり減ってしまっているのなら……意識的に少し立ち止まって日常の幸せを存分に味わってみませんか？

目を閉じて、息を吐き切って深く深呼吸。
息を整えることで、今生きていることを強く感じることができます。
立ち止まって「今」を意識することで、何か気づけることがあるかもしれません。

今日の空は、どんな顔をしていますか？

6

まずは自分を大切にすることでまわりの人にも愛・優しさ・エネルギーを注げる

みなさんは、自分を大切にしていますか？

日本では昔から〝自己犠牲〟が美徳のような考え方があり、自分以外の人を優先する、誰かのために身を引く、といったことが称賛されがちではないでしょうか。世のため人のために尽くし、自分をないがしろにしている人が少なくないように感じています。

もちろん他者への愛や優しさはすばらしいと思いますが、だからといって自分はすべて後まわしでいいというわけではないと考えています。

なぜなら、まわりを大切にするにはまず自分を大切にすることが必要だと思うからです。

このような考え方は、『シャンパンタワーの法則』としてわかりやすく説明されています。

シャンパンタワーを思い浮かべてください。結婚式などでシャンパングラスをピラミッドのように積み重ねて上からシャンパンを注ぐセレモニーです。

一番上のグラスにシャンパンを注いでそのグラスが満たされた後も注ぎ続けると、あふれたシャンパンで一番下のグラスまで満たされていきます。

一番上のグラスが自分自身だと考えてみてください。2段目、3段目とタワーを形成してくれているグラスたちが、家族や仲間などまわりの人々です。

そして、注がれるシャンパンが愛や優しさやエネルギー。まず一番上にある〝自分〟というグラスが満たされずカラッカラのままだったら、他のグラスに愛や優しさやエネルギーを注げません。

一番下のグラスまで全体が満たされるためには、自分のグラスにたっぷりとシャンパンが注がれる必要があります。

私には2人の弟と9人のいとこがいるのですが、全員年下。そのため親族の子どもたちのなかではお手本のような存在でした。もともとの性格もあったかもしれませんが、そのような環境で完全な長女気質が身につきました。どちらかといえば自分の言いたいことは言えなかった幼少期。自分が我慢してでも円満に解決したいタイプ。ついまわりを優先して譲ってしまう子ども時代を過ごしました。

特に不満に思っていたわけではないのですが、自分の気持ちに蓋をし続けるとモヤモヤがたまっていきました。「どっちでもいいよ」と勝手に身をひいたのに「やっぱりやりたくない」「なんで私ばっかり」と負の感情が芽生えました。

それは自分のためにも相手のためにもよくない！　子どもながらに私は思いました。みんなを優先したい気持ちにウソはないけれど、譲ってばかりいると自分もまわりもハッピーではないと気づいたのです。

中学生になったら変わろう！　と決め、行動を変えました。勇気を出して学級委員に立候補したり、生徒会を務めたりするなかで心地よい人間関係がどんどん築けるようになってきました。相手のことだけを尊重するのではなく、自分のことも大切にする。思ったことはきちんと伝えて、自分がやりたいこともやれるように。新生麻里子の誕生です。

結果的に、自分の心に素直に生きられるようになり幸せでした。自分が満たされていないのに、他の人を幸せにしたいというのは不自然なんですよね。

まず自分を満たすことで、心に余裕ができて笑顔になれる。それがまわりをハッピーにする。自分に余裕があるから人に手を差し伸べられる。

自分が幸せだからこそ、その幸せが循環する。

そういう考え方のほうが、自然だと思いませんか？

たとえば飛行機のトラブルがあった時に、酸素マスクをまわりの人に譲ってばかりいたらどうでしょうか。まずは自分の安全を確保して問題なく行動できる状態になってから人を助ける。この話は以前、研修で学びました。

「酸素マスクは、まず自分から」

自分よりもまわりを優先するタイプと診断された私たちグループに送られた忘れられない言葉です。

とはいえ、まずは自分を大切にするということは、なかなか難しいものです。真面目で献身的な文化の日本人、特に女性は自分が疲れてしまうほどまわりに気を遣いすぎてしまう極端な他人ファーストが染みついている人が少なくありません。かつての私もそうでしたが、自分のことを後まわしにして本心を無視し続けていると心の声が聞こえなくなってしまいます。

自分ファーストとは、決して自分のことしか考えない自分勝手なことではありません。

「本当の自分はどうしたいか」

心の声に耳を傾けて自分の価値観を尊重し、自分を大切にする練習を日々実践していきましょう。

7

ムリして不機嫌になるくらいなら頑張らないことを頑張ろう

結婚が女性の幸せと言われた時代はとうに過ぎ、幸せの形は人それぞれ。男女ともに多様な価値観で心地よく充実した毎日を送っている人は大勢います。

私個人に関しては幼少期から結婚願望が強く、ずっと結婚に憧れていました。趣味の人生計画で人生を俯瞰した時、新たな家庭を築いてからの人生のほうが長いんだなーと思って過ごしていました。「結婚したいと思う誠実で尊敬できる人とお付き合いしたい。初めて付き合った人と結婚したい」と絶滅危惧種のような価値観をもっていましたが、夢が叶い大学1年生の時にお付き合いした今の夫と24歳の時に結婚しました。

結婚当初、私はいわゆる良き妻・良き母を目指そうと意気込んでいました。なぜなら、「200％専業主婦」の家事・子育てを私からみて完璧にこなした母に育てられたからです。

ところが私は、200％仕事を楽しむ仕事人間の父からの影響も受けていたので、仕事に全力でもありました。最初の頃は頑張りましたが、このペースでの両立は無謀でした。

毎日きちんと料理したいけれど、仕事も頑張っているから時間がない!!自分自身が満たされず、疲れてイライラしてしまう始末。そんな私に夫は言いました。

「料理をしてほしくて結婚したわけじゃないし、一人暮らしだったから自分も料理できるけど、外で食べてもいいわけだし、お互い大変な時はムリに料理しなくてもいいんじゃない？」

夫は、ムリに家事を頑張るよりも私らしくごきげんでいてほしかったのです。

そのことをきっかけに、子どもが生まれるまでは料理がしたい日以外は最寄り駅で待ち合わせて外食してから帰る生活を続けました。

一緒に暮らす家族に対して、一番大切なことはハッピーでいることじゃないでしょうか。相手のためを思ってムリして頑張ったとしても、不機嫌になったら元も子もありません。

ムリをせず、自分の機嫌をとれるようになれば、家族も幸せなんですね。

私も気をつけていますが、大人になったら自分の機嫌は自分でとるものです。

自分の心をすり減らしてまでムリに頑張りすぎてしまっていることはありませんか？

もしもあったとしたら、どうしたらごきげんになれそうかぜひ考えてみてください。

8

「キャリア」とは人生そのもの！ワクワクを見つけて自分らしいキャリアを築こう

「キャリア」というと、仕事のことを連想する人が多いかもしれません。「私は仕事をしていないから……」というかたもいますが、主婦業も、子育ても、介護も、趣味も、立派なキャリアです。

キャリアとは仕事のように狭い意味で捉える言葉ではなく、もっと広く深い意味をもつもの、つまり人生そのものといえると思っています。

私自身に関していえば、まずは狭い意味で仕事のキャリアと向き合ってきました。学業を終えて社会に出る。その時がキャリアのスタートでした。自分が熱望した編集者になり、仕事が楽しくて毎日一生懸命。環境にも恵まれたからこそ、ますます仕事にのめり込んでいきました。

国語の編集者としてのキャリアは、自分の強みであったコミュニケーション能力や言葉で伝える力を底上げしてくれたと思っています。

ただ結婚して家族ができ、妻や母としてのキャリアもスタートすると、単純に仕事のキャリアのために頑張るわけにもいかなくなってきます。育休中に、「私の人生、このままでいいのだろうか？」という思いが芽生えました。

仕事に邁進している時は仕事に精一杯、出産したら子育てに精一杯。日々、目の前のことをこなすことだけで必死になっているけれど、それはキャリアを積むことになっているのか？　魂が望む本当のキャリアとは、もっと自分らしさを発揮できるものであるはず。


自分のキャリアを構築するうえで大切なことは、「本来の自分」を自覚することではないでしょうか。

家事や育児も含めて、目先のこなさなければならないことに忙殺されるだけでは、自分らしいキャリアは築けません。必要なのは、立ち止まって「自分はどんな人生を送りたいのか」をよく考えて、その理想に近づくためのワクワクを見つけることです。

そこから、本当の「自分らしいキャリア」を追求する日々がはじまりました。自己分析で自分の資質を知り、あらためて心から好きなことは何かを問いかけ、〝得意〟と〝好き〟をかけ合わせたワクワクを探したのです。

結果的に、自分の使命とも思える仕事と出会え、家族との時間も大切にしながら人生を楽しめるようになりました。仕事人としても母親としても、コミュニティの輪が広がり、さらに充実した毎日を送れています。

もちろん、これからも試行錯誤はあるでしょう。でも、「自分はどんな人生を送りたいのか」がキャリアの軸であることを知っていれば、きっとこれからも仕事や子育てに使命感をもって楽しく向き合えると思うのです。

ここに至るまで、自分でもかなりの努力をしましたが、まわりの人のおかげがとても大きいです。私のキャリアは、まわりのかたに支えられてきました。その感謝の想いも込めて、もっと人生を充実させていきたいです。

9

「できるか」「できないか」よりも「やりたいか」「やりたくないか」で決める

誰でも最初の一歩はこわいですよね。

「今の自分にできるかな」

「もっと準備してからじゃないと失敗するかも……」

でも、最初からうまくできる人なんていません。

なので、チャレンジしたいなと心が動いた時は思いきって行動する時。

悩んでいるだけで何もしないと後悔しませんか？

やりもしないうちにできるかできないかを考えてあきらめるよりも、まずは「やりたいか」「やりたくないか」。シンプルに考えることが心軽やかにチャレンジする秘訣です。心の声をじっくり聞いてみましょう。

頭では分かってはいるけれど難しい。私もかつては完璧主義で、考えてばかりで動けない時期がありました。完璧主義になってしまうと最初の一歩を踏み出すことが難しい。正解がないにもかかわらず完璧を目指せば目指すほどキリがないのですが、勇気を出してやってみることで見えてくることがあります。

やらないと何も始まりません。

大切なことは、「やりたいことはやってみる」と決めてしまうこと。

過去の私はやるかやらないかで悩んでいました。今は、やりたいことは一歩を踏み出すと決めています。そうするとモヤモヤ堂々巡りするのではなく、前向きに決断できます。やりたくないことをやめる勇気も必要です。

「今のままでいいのか？」

「このままチャレンジしないとどうなるのか？」

自分と向き合うことで答えが見つかるもしれません。

あなたが人生をかけて、心からやりたいことはなんですか？

10

選択するのは自分自身
その選択を正解にするのも自分自身

キャリアとは、人生そのもの。だからその人が人生を終える時にふり返ると、一冊の本のようにストーリー性があるものになっていると思います。

ターニングポイントは数々あるはずですが、その場面ごとに選択肢があり、選ぶのは自分自身。

今は、たくさんの選択肢がある時代です。自分で選びとるということを決めさえすれば、きっとできないことはほとんどないと思っています。

「働きたいけれど、家族が反対するから働けない」というのも、昔の話になりました。それでもまだ、「子どもがすぐ熱を出して職場に迷惑をかけるから退職しなきゃ」とか、「せっかく特技を披露するチャンスがあるけれど、誰かに何かを言われたら嫌だからやめておこう」とか、あきらめることの多い人生を選んでしまう人は少なくありません。

あなたの人生の主人公はあなたなのに、人の目を気にして自分の心のままに行動しないなんてもったいないと思いませんか？　ただ、やみくもに我を通しましょうということではありません。自分が選びたいことを実際に選ぶには、分かってもらえないと嘆くだけでなく、分かってもらえる努力をする必要があるということだと思います。

私にも寝る間を惜しんで勉強していた時には、あまりにもがむしゃらで他のことに手がまわらず「そこまでやる必要ある？」と夫に言われた経験がありまです。ただ、がむしゃらだったのはその先にある理想の未来を手に入れるため。将来のワクワクのために、今は必死なのだということをもっと対話できていたら、夫は前向きに応援してくれたはずです。

自分の選択がまわりに影響を与える時には、身近な大切な人にこそていねいなコミュニケーションが不可欠だと実感しました。

自分のその時々の選択には、正解はありません。さらに、時には自分の意思ではなく、転勤や出産などのどうしようもない理由から、選ばざるをえなかったこともあるでしょう。それらをすべて、自分の心の持ちようと行動でポジティブに正解にしていくことが大切です。

もし、仕事が波に乗っている時に妊娠しても、自分のキャリアが終わったと思うのは違います。誰もが経験できるとは限らないことができるのだから、キャリアにとってはプラスです。新しい〝母〟という視点で、人生を見られるのは幸運なことだと思います。

また、私の母は専業主婦でしたが、父の国内外の転勤について行き、そのたびに違う環境のなかに放り込まれていました。誰も知らないところに来てしまったと、泣いて過ごしていてもおかしくない状況です。

しかし、母はいつも与えられた環境のなかで精一杯楽しく過ごすタイプでした。どこに行っても、それぞれのコミュニティに合わせてテニスをしたり編み物をしたりボランティアをしたり、スッと馴染んでまわりの人たちとうまくやっていました。ありがたいことにいつも人に恵まれていたと母は言いますが、それだけではなく、母の心の持ちようで楽しく過ごしていたに違いありません。

そうやって、選ばざるをえなかった選択を正解にしていました。

極端なことをいうようですが、もし、パートナーの転勤についていくことや妊娠がどうしてもイヤなら、それを選ばないことだってできます。転勤や出産のせいで自分の人生思いどおりにならず台無しだと他責にするのではなく、本当に他の道がまったくないのか、立ち止まってみてください。

まわりの様子をうかがい、コミュニケーションも取らないうちから「自分の希望は通らない」とはじめからあきらめてしまってはいませんか。あきらめたという自分自身の選択が叶ったのかもしれません。

キャリアを人生そのものと考えるのなら、さまざまな局面で何を選択するかでキャリアは大きく変わります。自分の選択がキャリアを形成していくことになるのです。

人生の主人公であるあなたのキャリアを、あなたはどのように彩っていきたいですか？

11

自分の人生の主役は自分であり、どんなストーリーを描くのかも自分次第

人は自分を尊重して、自分を中心に考えていいと思うのです。もちろん、他者への気遣いや思いやりは必要です。しかし、自分の人生なので、自分を押し殺したまま生きるのではなく自分を中心に据えるのは大切です。

どんな人の人生も、一冊の本のようなもの。ストーリーの主役となる自分の生き方次第で、その本の内容が左右されます。

自分なんてつまらない人間。やりたいことなんて何もない。もしあったとしても、自分にはどうせできない。そんなふうにあきらめていたら、もったいないと思いませんか？

あなたの人生の主役はあなたです。そして、決められた台本を演じなくてはならないわけではなく、好きなように、自由にふるまえるのです。

一度きりの人生、せっかくなら素敵なストーリーを描きたいと思いませんか？　自分次第で、いくらでも素敵にできるはずです。

私は、悲劇のヒロインにはなりたくはありません。家族に恵まれ、やりがいのある仕事と出会い、信頼できる仲間たちと共にごきげんで充実した毎日を過ごすストーリーを描きたいです。

自分を主役だと考えることは、勘違いでも分不相応でもなく、自分の人生に責任をもつことでもあります。他の人に自分の人生を託して、人任せの人生で後悔しないでしょうか。

あなたは主役です。好きなように人生を生きられます。

欲張りだなんて思わずに、自分はどんなストーリーにしたいのか前向きに考えてみませんか？

12

ご先祖さまを身近に感じて受け取った命のバトンをムダにしない

ご先祖さまに思いを馳せることはありますか？

わが家は私が中学生の時に父方の祖父母の家に入って同居するようになりました。実家は武士の家系だったということで、どなたから姓（苗字）を賜ったか、今は何代目かを幼い頃から教わっていました。

一緒に住み始めた祖父母の家は歴史のある古い家で、毎日仏壇に手を合わせるような生活になりましたし、家系図を見る機会もありました。

そんな環境で暮らしていると、自然に「自分はご先祖さまから命のバトンを渡されたんだ」という意識になってきます。

ちなみに、私はずっと「生まれる時代が違ったら自分は武士だった」と思っていたのですが、同僚から「麻里子さんは世が世ならお姫さまですよ」と言われてはっとしました。

たしかに！　女性である自分は姫だったのか。でも、なぜか私は武士であったかもしれない自分を意識して生きています。そして武士として命をかけたご先祖さまの人生に思いを馳せ、この平和な時代に生まれた自分の役割はなんだろう、何に命を燃やすのだろうと考えるようになりました。

試行錯誤もしましたが、たくさんの人の人生に寄り添い、一人でも多くのかたがごきげんにその人らしく輝いて生きていくためのお手伝いをすることが、世の中のために私ができる使命だと感じています。

今は、ご先祖さまを身近に感じることがなかなか難しい時代かもしれません。しかし、今あなたが生きているということをよく考えてみてほしいのです。ご先祖さまが命のバトンをつないでくださったから、生まれてくることができたわけです。

時代を遡れば遡るほど、人数が増えていくご先祖さま。そのなかの誰か一人でも欠けていたら、ここにこうして存在することはできませんでした。まるで奇跡のような確率で生まれてくることができた私たち。それだけで、すでに強運の持ち主ですよね。

たとえ仏壇に手を合わせる習慣がなくても、家系図を目にする機会がなくても、この命が気の遠くなるほどの時間をかけてつながれてきたことに心を寄せてみませんか。すると、ただ漫然と時間を消費してしまうことがもったいなく感じられてくると思います。

きっとこの世に生を受けたことに感謝し、生きている間に何か自分の役割を見つけたいと考えるようになります。

私は、せっかく受け取った命のバトンをムダにしないようにしたいです。そしてそれは、「後悔しない人生を送る」こととも重なります。

仕事人としても家庭人としても、きっと見守っていてくれるご先祖さまたち。人生の使命について考え、一生懸命に生きていきませんか？

13

まわりの大人たちなど人生の先輩方の背中を見て学ぶ

人が育つ過程で、家族から受ける影響はとても大きいと思います。特に両親からの影響は、価値観や感性をそのまま継承することもありますし、逆に反発してまったく違う個性が形成されることもあります。

私の場合は、反発よりも素直に影響を受けてきました。さらに父方の祖父母と同居し、母方の祖父母ともよく関係を築いていたので、両家の祖父母から受けた影響も少なくありません。

同居していた父方の祖父は、「人生死ぬまで勉強」が口ぐせで、毎日近所の図書館に行って英字新聞を読むことを習慣にしていた学びに熱心な人。また、体にいいというヨーグルトにきな粉と蜂蜜と黒ゴマを入れたものを毎朝の日課にしたり、健康のために木槌で足の裏を毎晩同じ数叩いたり、自分がいいと思うことを地道に続けていく人でもありました。自分の信念を語るタイプではありませんでしたが、学ぶこと、継続することの大切さを常に行動で見せてくれたように思います。

また祖母は、私たち家族をまるごと大きな愛で包み込んでくれるような人。余命宣告されて亡くなる直前まで多くの友人・知人にも慕われ、まわりの人に愛情や優しさをもって接する姿に憧れました。

ちょっとした言い合いをして気まずいことがあったとしても、私が出かける時には必ず笑顔で「麻里ちゃん、気をつけていってらっしゃい」といつも笑顔で玄関から私が見えなくなるまで手を振ってくれました。出かけた後に何があるか分からないから、万が一にも気まずいまま人生の別れを迎えるようなことがあれば必ず後悔するからだと言っていました。

私の「後悔しないように生きる」という想いは、こうした祖母の言動にも後押しされたかもしれません。

また、母方の祖父母も思いやりのある素敵な夫婦でした。特に祖父はとてもマメな人で、よく写真を撮ってアルバムを作ってくれました。思い出を振り返る喜びも教えてくれました。人のために手間を惜しまない姿勢を尊敬しています。そして、晩年には『わが生涯』という自叙伝をまとめました。この祖父の影響で、私のなかで「人生は一冊の本のようなもの」「私も65歳になったら人の役に立つ本を出版したい」という想いが芽生えたのだと思います。

仕事に邁進して結果を出してきた父からは、社会のなかで自分らしく働く尊さを学んでいますし、私にとって完璧な家庭人の母からは、あたたかい家庭を築く大切さを教わりました。

今の私の思想や行動パターンができ上がったのは、こうした祖父母や両親から色濃く影響を受けてきたから。みんな、言葉で私に教えてくれたというよりも、日々の振る舞いで多くのことを伝えてくれたように思います。

人生の先輩に学ぶという意味で、祖父母と密に関係を築けたことは大きな財産になったと私は感じています。人生の最期を送り、祖父母がご先祖さまになった今も、手を合わせた時、ふと空を見上げた時、私たちを見守ってくれているように感じます。

あなたは、ご両親や祖父母など、どんな大人に囲まれて育ちましたか？人間は、自分ひとりで成長するわけではありません。良くも悪くも親をはじめとしたまわりの大人の影響を受けて今があることを再認識してみてはどうでしょうか。幸運なことに、私は感謝できる家族に恵まれました。誰もが家族からいい影響を受けられるわけではありませんが、もしネガティブな感情があるのなら、反面教師にしてもいいかもしれません。

社会に出ると、会社の上司や先輩、仕事関係で知り合えた方々など、学ぶべき人との出会いがたくさんありました。家族ではない大人たちとの出会い。多かれ少なかれ、誰にでもそうした機会はあるはずです。

そういう人たちから尊敬すべきところ、学ぶべきところを見つけて素直に吸収できたら素敵だと思います。

14

納得してくだした「やめる決断」ならポジティブに前に進める

私はひとつのことを根気よく続ける家族の姿を見て育ったので、継続することの尊さをよく理解できていると思っています。だから自分も、小学校でのリコーダーアンサンブルクラブをはじまりに、部活やサークルでの音楽活動を最後までずっと続けてきました。

でも、それは続けて良かったことの一例です。何がなんでも続けなくてはならない、続けるべきだと考えているわけではありません。自分が好きなこと、打ち込めること、いいと信じたことなら続けるのはすばらしいことですが、そうでなければ継続することにこだわり続けなくてもいいと思うのです。

たとえば私はピアノを習っていましたが、プロを目指すほどの熱意はなかっため、自分で「ショパンが弾けるようになるまでは頑張ろう」と決めていました。そしてショパンが弾けるようになると、目標を達成できたのでレッスンを卒業しました。

つまり、納得したうえでやめたのです。「私にはできない」と悩んだわけでも、「もうやめなさい」と親にやめさせられたわけでもないので、特にコンプレックスをもつこともありません。むしろ、目標の達成という自己肯定感を得てやめました。

大人になってからも、新卒で入社した会社をやめたり、参加していたコミュニティを休会したり、やめたり休んだりする決断をしています。その時にも最終的にはネガティブな気持ちになることなく、「自分が今優先すべきことは、これである」と主体的に前向きに考えた結果として決断できました。

こんなことをお伝えすると、「自分は迷ってばかりいる性質だから、やめる決断をする時にはモヤモヤしてしまう」と思うかたも多いかもしれません。

私自身も本来は優柔不断で迷いやすい人間です。考えても仕方のないことをあれこれいつまでも考えて、決められずにため息をつく。そんな私を見ると、夫は「それって、考え続けて何か変わるの？」と言います。たしかにそうなんですよね。結局は時間があって流されていると、迷ってばかりで決断ができない。ネガティブに考えてしまう。だから、やはり「自分で決めるしかない」と意思をもつことが大事なのです。

今後どうするか迷っている状態が一番つらいはず。心から「続けたい」と思うなら続けたほうがいいですし、そうでなければむしろ、やめて先に進むほうが明るい未来が待っているかもしれません。

後悔しない人生を送りたいなら、「今」を大切に生き、未来へ向かう。

「やれることはやったから次に進もう」と考えられるように、思考を整理して納得しながら未来を切り開いていきたいですね。

15

不機嫌はマナー違反、自分の機嫌は自分でとろう

（機嫌悪そうだな……今は話しかけるのやめておこうかな）

こんな経験ありませんか？

不機嫌は、まわりにとんでもなく気を遣わせます。

人間、生きていれば色々ありますよね。

理不尽なことがあったり、イライラしたり、落ち込んだり、自分のことでいっぱいいっぱいになったり。

不機嫌オーラを撒き散らしそうになった時。

そんな時こそ、自分の機嫌は自分でとるよう心がけています。

心に余裕がない時こそ、自分に優しくして心のゆとりを取り戻します。

（お母さん機嫌悪いな……今日は相談するのやめようかな）

私は子どもたちに気を遣わせたくないし、なるべく心配はかけたくない。

不機嫌を家に持ち込まないように気を付けています。

私はイライラすることはあまりありませんが、クヨクヨ落ち込みがちです。

太陽のような「ごきげんママ」で常に家族を照らしたいと思っていますが、
心に余裕がないと些細なことで気分が乱れます。自分をごきげんにできる方法を把握しておくことは大切。私は合唱曲を聴くと心が洗われます。


大人になったら、自分の機嫌は自分でとるもの。

ごきげんは自分でつくれるものだと思います。

まずは、自分だけの「ごきげんリスト」を作成してみませんか？

16

後悔するムダな時間にしないよう不機嫌にのまれない

一日は24時間。それは、どんな立場の人もみんな平等です。

しかし、「ごきげんに過ごした一日」と「不機嫌に過ごしてしまった一日」では得られる幸せ度合いがまったく違うのではないでしょうか。

ごきげんに食べる食事と、イライラしながら食べる食事、ごきげんに楽しみながら働く仕事と、文句を言いながら働く仕事。同じことをしていてもきっと振り返った時の一日はまったく別物のはず。

ごきげんな時は良いパフォーマンスが発揮できますが、必要以上に落ち込み不機嫌で嫌な気持ちになりながらやっていることはまわりにも悪影響のはず。

良いご縁をいただくチャンスも自ら逃してしまっているかもしれません。一人で参加したイベントでたまたま隣の席になった人と意気投合したり、旅先で出会ったかたと仲良くなったり。不機嫌で逃したらもったいないですよね。

ちなみに私は超がつくほどの方向音痴。お店に入って出る時、どちらから来たのか迷うレベルです。そんな私ですが、ものすごくよく道を聞かれます。いわゆる道聞かれ顔。よく知っている場所ならお伝えできるのですが、私も初めての場所の場合、一緒に調べながらお伝えすることしかできません。ただ、この人なら教えてくれそうという安心感や親しみやすさがあるのかしらと思うと嬉しくなります。

不機嫌オーラが炸裂している人を見かけた時は、すみやかに避難します。自分の気持ちを乱さない修行の場と前向きに捉えてもいいのかもしれませんが、大きなため息をつき続けている人や貧乏ゆすりが止まらないかたをお見かけしたら同じ電車に乗らないようにしてできる限り関わらないようにしています。訓練が足りないだけかもしれませんが、どうしても動揺してしまうからです。

そう思うと、自分自身はまわりを攻撃しないように不機嫌にのまれずごきげんを心がけたいものです。とはいえ、不機嫌にやられる時もありますよね。

大人でも不機嫌をコントロールしてごきげんに切り替えることは難しいもの。特に子どもの場合、なおさらです。わが子たちも不機嫌モードになってしまうことは当然あります。

そんな時は、子どもたちと「不機嫌虫」のせいにして切り替えるようにしています。

「あれ？　不機嫌虫ついてるんじゃない？」と聞くと、

「3個くらいついてそう！　とって！」と言われたら

背中についている不機嫌虫を遠くにポイッと投げる。

そうすると、いつものごきげんモードに戻ってくれます。そんな単純なことじゃないと思われるかもしれませんが、自分のせいにしないことって気をラクにしてくれると思います。

私も家族に「今日はホルモンが悪さしてるからお母さん元気なかったりイライラしたりするかもしれないけどごめんね」と伝えることがあります。体調があまりよくないのに「大丈夫」「気にしないで」と言いながら不機嫌がダダ漏れ、まわりに気を遣わせてしまうのなら素直に生きたほうがいいと思うのです。

幼少期の私はいわゆる「いいこ」で心配をかけたくないあまり、必要以上に相手に気を遣ったり、まわりの顔色をうかがったりしていました。そのほうが相手のためにも自分のためにもいいと思い込んでいましたが、ごきげんを心がけて自分の気持ちを大切にすることで不機嫌を手放せるようになりました。ごきげんな状態を保つことは訓練も必要ですが、毎日のごきげん習慣ができると一日を振り返った時にハッピーになります。

当然、私もイラッとする時もあります。そんな自分に落ち込むこともありますが、そんな時は人生を俯瞰します。人生には必ず終わりがきます。どうせいつか死ぬのであれば不機嫌虫に囚われている時間はもったいない！　そう思うと目の前のイライラもちっぽけなものにみえてきます。よく余命宣告されたらと想像します。死ぬ前にやりたいことは全部やろうと思うとムダに過ごす時間はないと思いませんか？　不機嫌虫がついたらふっとばしてくださいね！

17

「自分は運がいい」と信じ込んで、運を味方につける

あなたは、運がいいですか？

私は、運がいいです！　おめでたいかもしれませんが、心から思っています。
ありがたいことに昔から人のご縁に恵まれています。
ご縁がご縁を呼び、また新たなご縁をいただく。
思いがけない想像もつかないチャンスをいただき、人生が大きく動く。
そんな経験を重ねてきました。

人との出会いが人生を変えると本気で思っています。

この本の出版も奇跡のような出会いと出来事がきっかけです。映画の脚本だとしたら、「そんな都合のいい展開ないでしょ」「うまくいきすぎ」とつっこみたくなるような出会いです。でも、人生案外そんなものなのかもしれません。

母から聞いた私の幼少期のとんでもエピソードですが、家で遊んでいた時のこと。何かの拍子で勢いあまって後ろ向きに倒れて頭からガラスを突き破ってベランダに出てしまったとのこと。ガラスは粉々でしたが、私は髪の毛こそ切れたもののケガひとつなかったとのことでした。一歩間違えたら大事件です。当時のことは覚えていないのですが、後に母からこの話を聞き、「麻里ちゃんは運がいい！　ご先祖さまに守られている！」と言われました。

語るほどのことではないかもしれませんが、こんなふうに私はよく親から「運がいい」と言われてきたので、疑うことなく素直に信じ込んでいるのだと思います。そしてそれが土台となり、本当に私の人生を運のいいものにしてくれているとも感じます。

育つ過程で、ネガティブな言葉かけをされてきた場合は、自分が運がいいということを信じることが難しくなってしまうかもしれません。でも、それは自分の運の良さに気付く機会を与えられなかっただけ。

実際には、まず奇跡のような確率で地球に生まれたことがすばらしい。そして、社会が安定した現代の日本に生まれてきただけで幸運です。運がいいと信じる気持ちがさまざまなネガティブを吹き飛ばしてくれます。

だから、信じてみませんか？

自分は運がいいと思っていれば、何かつらいことや大変なことがあったとしても「なんとかなる」「最後はうまくいくでしょう」と希望をもてますし、何かネガティブなことが起きても「この程度で済んで良かった」と思えます。

同じ出来事に直面しても、感じ方は人それぞれ。たとえば第一志望の学校が不合格で、そのほかの学校に進学したという人はたくさんいますが、「運がいいからご縁がある学校に入れた」と思う人と、「行きたい学校に行けなかった。自分は運が悪いから頑張っても報われない」と思う人がいます。

前者の考え方のほうが、入学後の新生活は楽しめるに違いありません。

また、人生で分かれ道に立った時のことも想像してみてください。どちらに行けば良かったのか、両方の道を歩めるわけではないので本当のところは誰にも分かりませんよね。でも、自分が歩んだ道を「運がいいからこの道が幸せだった」と思うことが大切です。

あらためて「運」というものについて考えてみると、私が考える運の良さは、宝くじが当たるような〝自分がコントロールできないところでいいことが起きる〟ものではなくて、〝自ら行動し、出会えたご縁あるかたが運を運んできてくださる〟ことが多いことに気付きました。人とのつながりが、いかに大切かを痛感します。

限りある人生、出会える人に限りがあります。でもせっかくこの人生で出会えたのなら。ご縁つなぎやきっかけづくりの場を提供して出会えた方々の人生が好転するようなパワースポットになりたいなと思います。

運とご縁をどんどんおつなぎしたいです。最後にもう一度お聞きします。

「あなたは、運がいいですか？」

18

できない理由を並べるよりも「じゃあ、どうする？」を考えることで道が拓ける

人生において、壁にぶつかった時。あなたはどう考えますか？

私は子どもたちが３歳と０歳の時に、新卒から約11年間勤めていた教育業界から業界も業種もまったく異なる金融機関に転職することを決意しました。30代２児のワーママが未経験の世界に飛び込むことは、多くのかたが無謀だと思われるかもしれません。

「子どもが小さい時に転職なんて私にはムリ」

「乳幼児の母親の市場価値なんて、たかがしれてる」

「せっかく恵まれた環境で働いているのにもったいない」

私のことを心配してくださり、色々な声もいただきました。自分の限界を決

めているのは自分自身。やってみないと分からない。チャレンジしないで後悔するよりも、チャレンジして頑張って見える景色を見てみたい。強い覚悟をもって決断した日をよく覚えています。

私に人生を変えるチャンスをくださった尊敬する方々のように、私も一度きりの人生、自分らしく輝きたい。小さい子どもたちがいるからできないのではなく、小さい子どもたちがいるから「こそ」できることが必ずある。

そう信じて飛び込みました。

今でこそ毎日自分らしくイキイキ働けていますが、ここに辿り着くまでには色々ありました。でも、どんな時も「じゃあどうする？」を心のなかで問い続けることで前向きに未来が切り開けるのだと信じています。

あなたは、今、自分の人生を自分らしく歩んでいますか？

今なにかあったとしても後悔しませんか？

もし後悔すると思うのなら……あなたは今日からどうしますか？

第２章

ごきげんと仲良くなれるアクション

思考するだけでは変わりません。
アクションを起こしましょう！
笑顔を習慣化するために意識して口角を上げるように、
ごきげんと仲良くなるためのアクションがあります。
筋トレのようにアクションをくり返せば、
いつの間にかごきげんと仲良くなれます。

19

家を整えることは、人生を整えること。整理収納で目指したい未来がみえてくる

日頃、自分と対話していますか？

自己分析を重ね、ひたすら行動し続けた今だからこそワクワクする未来がみえてきた私ですが、かつての私は自分が心からやりたいことが分からず長い間モヤモヤ悩み続けていました。

そんなとき、突如おとずれた「片づけたい」願望。その後ひたすらモノの取捨選択をすることになるのですが、その整理収納こそがモヤモヤから脱出できたカギとなりました。

入社以来、仕事に没頭してきた私。第1子を妊娠してからは赤ちゃんに会えることを何よりも楽しみにしていましたが、「ほどほどに」働くことができない性格もあり、産休に入るまで文字どおり全力で駆け抜けました。

「やりたいこと」よりも目の前の「やらなくてはいけないこと」をこなすのに必死の日々。そして迎えた初めての産休。新しく迎える家族の準備も整え、心穏やかに過ごしていました。

「妻」としてでも「母」としてでも「娘」としてでもない「私」自身とゆっくり向き合う久しぶりの時間。ＴＯ　ＤＯリストがびっしり書き込まれた仕事用の手帳ではなく、人生計画用のワクワクノートを広げながら「やりたいこと」を思い描く。そのとき。

「あれ？　私が心からやりたいことってなんだっけ？」心がザワザワ……

そして急に思い立ったこと。「まずは家を徹底的に片づけなくちゃ！」

妊娠後期の巣作り本能なのか、無性に片づけがしたくなりました。学生時代、テスト前日に勉強をしなくてはいけないのになんだかソワソワして突然部屋の片づけをしたくなったことはありませんか？　まさにあの状態。

真剣に自分の人生を考えるためには、環境も頭のなかも徹底的に整理する必要があったんですね。忙しいことを言い訳に片づけを先送りにしていた私ですが、本気で片づけることを決意。

それまでの私は、片づけをしよう！　と思い立つと、収納ボックスを買う↓あふれているモノをしまう↓部屋がスッキリして片づけた気になって満足する↓忙しくなって気が付くと元通り。という典型的な片づけられないループに陥っていました。

そこで、今回は「整理収納」について勉強するところから始めました。
「整理」とは、不要なものを処分すること。
「収納」とは、物をしまう場所におさめること。

基本的な整理の考え方・具体的な整理の方法・実践的な収納のコツを学び、まずは整理をすることが必要だと知りました。「整理」は、自分のまわりにあるモノ一つひとつと向き合って、「今の自分にとって必要なものか？」という判断をしながら仕分けていきます。
片づけ始める前に重要なこと。「人生計画」同様、自分の家についても具体的に「目指したい理想のイメージ」を明確にさせます。

どんな暮らしがしたいのか。何に囲まれたいのか。

わが家の目指す家は、「心落ち着くあたたかい家」。理想のイメージができたら、そこから逆算して↓必要なモノだけを厳選して↓不要なモノを手放す。

「いつかやろう」「いつか読もう」そう思いながらも忙しいことを言い訳に先送りにしていたこと。「いつか使うかも」「いつか着るかも」と言いながらも、今の自分にはもう必要のないモノ。「なんとなく」使っているけれど、実は、あまり気に入ってなかったモノ。「もったいない」と捨てられず、活用していない空き箱など。ご自宅にもありませんか？


そういった一つひとつの物事と毎日向き合い続けました。

「これは、なぜ心が惹かれるのか？」

「これはもう使わないのに手放せないのは、なぜだろう？」

本気で片づけをするのはかなりのエネルギーが必要でしたが、目の前の「今」とじっくり向き合うことで、目指したい「未来」に近づいていることを感じました。

家中を「整理」して手放したモノは、妥協して「これ【で】いい」と「なんとなく」買ったモノでした。日々の行動は選択の連続です。身のまわりにあるモノは、自分が所有することを決めたから家にあるのです。

「何を持つか、何を手放すか」「何を食べて、何を食べないか」「何をして、何をしないか」……日々の選択と行動が未来をつくります。

無意識に「なんとなく」していることは、ありませんか？

私は色々あって耳が痛いですが、「片づけ」を通して「これ【で】いい」ではなく、「これ【が】いい」を大切にしようと強く意識するようになりました。

整理収納の知識を活かして家を整えたおかげで、帰ってくると心落ち着く理想の家になりました。かつてのように探し物をしたり、モノが多くてイライラ不機嫌になることもなくなりました。

家が片づいていないことで、「ああ、片づけないと」と自分のエネルギーを無意識のうちに消耗していたのだと思います。今では、ごきげんのエネルギーを前向きに使うことができるように。

実際に整理を始めて目の前にあるモノ一つひとつと向き合うことで、自分が大切にしたい価値観に気づきました。

また、「モノ」を整えると「時間管理」や「思考」も整いスッキリ。

育休中には約100人もの方々が赤ちゃんに会いにわが家に来てくださったのですが、心穏やかにお迎えすることができたのは家も心も整えたおかげだと思っています。

そして、家中を整えたことで分かってきた私のモヤモヤの正体。

それは、「自分が目指したい方向性が分からないことに対して何も行動できていないこと」。

方向性がみえてからは、育休ボランティアや興味あるコミュニティ参加など全力で爆走する日々になるのですが、そこに辿り着くまでにはもう少し自己分析の時間が必要でした。

モヤモヤした時は、自分と対話しながら家を整えてみませんか?

20

自分がもともと持っている強みって？それを知ることで未来が広がる

「あなたが心からやりたいことはなんですか？」

「あなたの強みはなんですか？」

そう聞かれて、明確に答えられる人は多くはないかもしれません。


「自分が得意なことは？」

「自分は、どのようになりたいのか？」


育休期間中、本当にやりたいと思えることを見つけるためにまずは家中を整え自分と向き合い続けました。

「自分の目指す方向性とは？」

その答えを見つけるべく、第2子育休中に自己分析に没頭する日々。「考える前に動け」とも言いますが、私の場合は目標を設定することで思いきり走れるタイプ。石橋を叩いて叩いて叩いて……目標が見えたらあとは全力疾走！

これまでの人生をじっくり振り返り、今までの経験や自分の気持ちを棚卸しながら自分と対話し続けました。

「自分の強みを把握して活かしたほうがいいよ」と夫から勧められ自己分析の診断も受講。探してみると多くの自己分析ツールがあるのですが、自分を客観的に見ることができるためおすすめです。

社会人になると自分の課題点のほうにばかり目がいきがちでした。受講したことで客観的に自分の強みを自覚することができたのはとても大きな進歩。

「自分の強みを活かせる場をもちたい」

「十分インプットはしてきたから、アウトプットしていきたい」
「もっと多くの人と出会い、自分の世界を広げたい」
「思いを共有し、未来について前向きに考えるお手伝いをしたい」

自分の強みを把握できたことで自分がやりたいことが徐々に見えてきました。

ちなみに、夫も一緒に自己分析をしたところ、トップ項目のうち共通するものは一つもありませんでした。私たち夫婦は、「似た者夫婦」というよりは、「相互補完型の夫婦」。もちろん大切にしている価値観は共通していますが、お互いにないものを補い合うことでバランスがとれているのかもしれません。

診断ツールを活用するだけでなく、身近な人に分析してもらうのもひとつの手です。自分では当たり前過ぎて意識していないことも、客観的に知るとクッキリと見えてきて、いろいろな可能性に気付けて未来が広がります。

自分の強みとは何か?……把握しておくと、助けになるはずです。

21

自分を知ることで「自分軸」ができ、判断基準が明確になると日常の行動がもっと軽やかになる

「洋服はたくさんあるのに着たい洋服がない！」なんて経験はありませんか？

以前の私は、自分に似合うものがよく分かりませんでした。

自分に似合う色や洋服を知りたい！　ファッションも自己肯定感を高めるツールのひとつだと思い、パーソナルカラー診断を受けました。


パーソナルカラーとは、その人の生まれ持った肌や髪・目などの色の特徴に調和し、魅力を引き立てる似合う色のこと。自分に似合う色を見つける診断のことをパーソナルカラー診断と呼びます。

パーソナルカラー診断では春タイプ・夏タイプ・秋タイプ・冬タイプの４つのカラータイプに分類されます。青みの強い色「ブルーベース」と黄みの強

い色「イエローベース」の2つに大別され、さらにトーンで、「スプリング(春)」「サマー(夏)」「オータム(秋)」「ウィンター(冬)」の4タイプに分類。

カラー診断では、自分の雰囲気なども考慮したうえで似合う色やコーディネートを選んでいただけます。「あなたに似合うものはコレ」と教えていただくことで、今まで気がつかなかった自分の魅力や個性も発見することができます。

自分に似合う色を探す過程で、自分の好きな色や理想のイメージが明確になり、自分のことをもっと好きになることができたように思います。自分に似合うものを把握できると、自分のことを理解できている安心感がうまれました。自分の魅力を高めてくれる洋服を着ることは自信にもつながります。

カラー診断を受けて、思い出したこと。それは結婚式のカラードレスを選ぶ際に夫から「黄色やオレンジのイメージだから、このドレスが似合うと思うよ」と自分では絶対に選ばないようなドレスを選んでもらったこと。私はそれまで黄色やオレンジのように目立つ色はニガテ意識があり、洋服はもちろん、小物でも取り入れることはありませんでした。なので、夫から「黄色とオレンジのイメージがある」と言われたのはかなり意外！

パステルカラーが好きな私としては抵抗感のある派手さでしたが、とりあえず試着。すると、意外にもしっくりきて今まで知らなかった自分を発見した感覚でした。結婚式当日もそのドレスを着たのですが、新たな自分に出会えました。

その数年後、友人たちから何度か花束をいただく機会があったのですが「元気な黄色のイメージだから♪」と黄色の花束をいただきました。

自分のことについて自分自身では意外と分かっていないもの。特に自分の魅力や個性を客観的に見つけることは難しいのではないでしょうか。

私は、夫をはじめ、家族や友人、仲間とのコミュニケーションを通して新たな自分に出会えています。まわりを大切にするために、ありのままの自分のことも大切にしたことが人生の転機となりました。

自分がごきげんでいられるためにはどうすればよいか本気で考え続けました。思考を整え、環境を整え、人生を整え始めました。

「自分は、どうありたいのか」
「どのような人生を送りたいのか」
「自分らしく生きるためにはどうすればよいのか」

自分が心からワクワクすることを追求していくうちに「自分軸」ができあがりました。自分軸が明確になると、判断基準も明確に。

勇気をもって自分軸で生きることを決めたときから、思いもよらないご縁やお誘いをどんどんいただくことになりました。以前の私だったら荷が重いと考えてしまいそうなことも、頭ではなく心で判断するため、えいっと思いきって決断して軽やかにチャレンジできるように。

今後の人生をどう生きたいのかと真剣に向き合い続け、行動し続け、小さな成功体験と小さな自信を日々積み重ねてきたことで、人生は大きく変わりました。人生の使命（ミッション）は考えていただけでは見つけられませんでした。行動し続けたことで辿り着くことができました。

一度きりの人生、あなたの「自分軸」についても考えてみませんか？

22

勇気を出してチャレンジすれば新しい出会いがあり、新しい自分にも出会える

なんだか楽しそう。やったことないけれど、やってみたい！

そんなワクワクセンサーが働くことってありませんか？

経験がないことや知らないことをやるのは、勇気がいることですよね。でもワクワクセンサーが働いたら、それはチャレンジするチャンスです。せっかくのチャンスをムダにしたら、後悔するかもしれない。まずはやってみて、もし楽しめなかったり自分に合わなかったりしたら、やめてもいいと思うのです。

始める前から完璧を目指す必要はありません。父からも、「案ずるより産むが易し」とよく言われました。的の真ん中に矢を当てたい時、ただ弓矢を構えて考えて調整しているだけでは何も始まらない。まずは矢を放ち、徐々に真ん中に当てられるように修正していけばいいのだと。

私は育休中に「自分の人生の使命を見つける」という覚悟をもって、たくさんのボランティア活動やイベントに乳児を抱えて参加しました。

おそらくわが子の成長に刺激を受けて「自分ももっと頑張ろう」とパワーアップしていて、新しいチャレンジにワクワクしていたのだと思います。何かしらに頑張る自分でいたかったのです。

いろいろなことをやってみて、「やらないとできない体験」があり、「やらないと出会えない仲間」がいることを実感しました。そして一番感じたのは、「やってみて初めて出会える自分」もいるということでした。

新たな世界に踏み出してみると、これまでは当たり前だと思っていたことをほめられたり、自分では気付かなかった強みを教えていただけたりと驚くことがあります。それは、これまで知らなかった自分の姿です。

そして、そんな自分を知ることが成長にもつながっていくのだと思います。

ワクワクしたら、勇気を出してチャレンジしてみませんか？

23

本番に臨む時のスイッチをオンにする方法を見つけておけば一気に集中できる

自分がある役割を果たす時に、本番モードへの切り替えをどのようにおこなっていますか？

私の場合は、服装で本番モードへのスイッチをオンにしています。

小学生の頃、リコーダーアンサンブルクラブに所属していて、人前で演奏をする舞台衣装は「白いブラウスと黒いスカート」と決まっていました。そのため、私にとって白いブラウスと黒いスカートは、演奏でステージに上がる時の「これから本番だから集中！」というスイッチになっていました。中学時代の日本舞踊も本番衣装を着て、背筋をスッと伸ばしていました。高校時代のハンドベル部でも、制服にネクタイをすることが決まりでしたし、大学の合唱サークルでは、白いブラウスと黒のロングスカートでステージに立っていました。ずっと音楽をやってきた私は、いつもステージに立つその日に向けてお客さまに喜んでいただけるよう一生懸命に練習し、ステージ用の服に袖を通すとシャキッとして本番に臨むスイッチが入ったものです。

学生時代、ずっとそうしてきたせいか、今も服装で自分のスイッチをオンにしていると最近になって気が付きました。基本的に今は毎日スーツ。お気に入りのスーツを身にまとうと、その瞬間に私はオンになるのです。

子どもの頃からお客さまに喜んでいただくために演奏の準備を入念にしてきたように、今はお客さまの人生にていねいに寄り添うための準備をして、服装を整えるとステージに上がった時と同じく真摯に自分と向き合うことができます。

こんなふうに、自分の本番モードスイッチをオンにする習慣をつけておくと、集中しやすくなるのでおすすめです。

24

行動するために必要だったのは「覚悟を決めること」

ひたすら考えて悩むだけだった私が行動できるようになった転機。それは、育休中に自己分析の一環として受けたコーチングでした。自分がやりたいことがまだ明確でなかった私は、「あなたに向いていることはコレ！」と誰か専門家に言ってもらいたかったのかもしれません。

しかし、コーチングは答えを教えてくれるわけではありません。コーチと対話を重ねてさまざまな質問を受けることで、自分の思考を整理していきます。

そして、気づきをもらい、本当の気持ちを引き出されることで前に進むことができます。コーチからの忘れられない一言があります。

「あとは、麻里子さんの覚悟だけですね」

コーチングを受けてハッとさせられたこと。その言葉が妙に心に突き刺さりました。自分でも気付き始めていたこと。自分の考えや経験を伝えることで、モヤモヤしている人を前向きにするお手伝いがしたい。特に、子育て世代、育児と仕事の両立を頑張るママ・パパたちを笑顔にしたい。「人生応援」「女性活躍」「子育て支援」「ワーママ支援」という大切にしたい軸を見つけました。

ただ、自分で何かを発信するということに自信がもてませんでした。正確にいうと、自分の顔と名前を出して何かを発信する勇気がなかった。目立つことをして誰かに何か言われるかもしれないと勝手に人の目を気にしていました。

でも、自分の人生の責任をとることができるのは自分だけ！　誰かに批判されるかもしれないと悩むよりも、私の言葉を必要としてくれる人に届けたい！お役に立てるのであれば自分のエネルギーを全力で注ぎたい！　自分の目指す方向性が明確になった瞬間でした。

「やりたいことは絶対にやったほうがいいよ！」と夫が応援してくれたことも自信になりました。

「覚悟を決めること」は、「自分の選択・決断に責任を持つこと」。

やると決めたからには、「どうしよう……」と悩むのではなく、「じゃあ、どうするか」と一歩を踏み出し続ける。

そうすることで、未来が切り開けると思うのです。

長かった準備期間もようやく卒業！

高いジャンプをするためには、この助走期間が必要でした。

もしも、あなたが今、現状を変えたいのに動けないのだとしたら。

覚悟を決めることで何かスイッチが入るかもしれません。

25

ワクワク毎日を楽しんでいると お誘いが増えて世界がどんどん広がる。 心が動いたら直感に従い即行動！

「麻里ちゃん、本当にアクティブだよね！」

よくそう言われます。たしかに、自分の興味があることに対してはのめり込むタイプなので、いつも何かに全力で集中しています。仕事も家族との時間も大切ですし、趣味や保育園の役員、ＰＴＡなど公私ともに動き回っています。

それだけではなく、私はありがたいことにお誘いをいただく機会が多くあります。ランチやお茶のお誘いだけでなく、より自分の成長につながるようなお声がけも多くいただきます。連載コラムの執筆依頼、イベントの講師、司会、ゲストスピーカー、ファシリテーター、コラボ企画、海外取材、勉強会など。

こうしたお誘いをいただいた場合、心が動いたら直感に従ってチャレンジすることにしています。初めてのことはこわいですが、勇気を出してチャレンジすることでどんどん世界が広がります。

前向きで波動が高いかたからご縁をいただく会は、やっぱりみんな前向きで心地よい。素敵なかたからのお誘いは、初めて会った気がしない気の合うかたが多くエネルギーをいただきます。もちろんすべてのお誘いに乗れるわけではないですし、反対に心が動かない場合はご遠慮させていただくこともあります。このようになんでもかんでもやっているわけではなく、自分の大切な軸を明確にして心に従っています。直感が働くと、ワクワクセンサーがピンと反応したら即断即決できるようになりました。

「やってみたいな」「行きたいな」と思っても、いろいろな理由をつけて遠慮してしまう人がいることも事実だと思います。ワクワクを優先して一歩を踏み出してみたら、きっと歓迎してもらえるはず。ご縁があって、そのタイミングで出会えた時。気のいいかたとの世界が広がります。「運」という字は「運ぶ」と書きます。行動することで世界が広がるはず。無理は禁物ですが、後悔しない人生のためにも心が動いた時は行動してみませんか？

26

自信とは「自分を信じること」。勇気の一歩を積み重ねて少しずつ自信につなげていこう

新しくチャレンジすることは勇気がいるもの。私は自分を変えたいと思った育休中、新たな世界に飛び込む初めの一歩としてボランティアのライターに応募しました。ボランティアの応募にあたり、エントリーシートを作成。

「今までの業務で身につけた自身の経験やスキルを踏まえてどんなボランティアがしたいのか。ボランティアを通して得たいこと」などを書くのですが、自己分析を通してこれまでの人生をじっくり振り返り、今までの経験や自分の気持ちを棚卸しながら自身と対話し続けたことがおおいに役立ちました。

また、自分の長所も短所も理解したうえで、自分のことをまるっと受け入れ

られるようになったことが自信にも。さらに、自分自身を徹底的に追求したことで、経験や思考を言語化できる力も高まっていました。

「編集×ライター×女性支援」を軸に、自分の想いを伝えました。
「今まで培ってきた編集スキルを活かして情報発信をしていきたい」
「育児中の女性を中心に多くの人と出会い、多様な価値観にふれたい」
「育児を楽しみながら育休中にしかできない経験をして、子どもと一緒に自分自身も成長したい」

想いが明確だったことと運の良さもあり、希望のライターボランティアに即日採用いただけました。

当初はワーママ向けイベントのライター業務から始まりましたが、その後、スタートアップ企業やＮＰＯなど代表のかたへのインタビュー、ワーママ交流会のファシリテーター、先輩ゲストとしてイベントでお話しする機会、イベントの企画・運営・司会など思いもよらなかった数多くのチャンスをいただきました。チャンスが現れる前に自分ができるかぎりの準備をしていたことにより、チャンスが巡ってきた際に確実につかむことができたのだと思います。

まさに激動の日々。すばらしい出会いの数々に感動しながら、自分の世界が一気に広がるのを実感。

「いつ、どこで、誰と、どのように働くのか」

働き方や価値観は人それぞれ。選択肢はさまざまですが、正解はありません。大切なのは「自分が選んだ道を正解にするように前向きに努力していくこと」なのだと思います。

ボランティア開始時は第2子の育休中。0歳の息子と4歳の娘の育児をしながらのボランティア活動は大変なこともありましたが、親子にとってとても良い経験でした。

とあるコワーキングスペースで取材をした際に子どもたちも連れて行ったのですが、帰り道に娘から、

「お母さん、ニコニコお仕事して素敵！」と言われて思わず胸がジーン。

ボランティア活動によって私がイキイキと働く姿を子どもに見せられたことを嬉しく思う一方、娘に仕事をする姿を見せないようにしていた自分にも気が付きました。

自分が子育てと仕事を両立することを決めた以上、働くことに対して罪悪感をもたないように気を付けていましたが、「子どもの前では、お母さんの自分でいなくてはいけない」という呪縛を無意識に自分にかけていたようです。

子どもたちのためにも、一人の女性として使命・生きがいをもってイキイキと自分らしく人生を歩みたい。葛藤しながらも自立して未来を切り開く姿を見せていきたいと強く思いました。


その後、転職をして今があります。今では毎朝、

「いってらっしゃい！　学校と保育園、楽しんできてね！　お母さんもお仕事楽しんでくるね！」と笑顔で言えるようになりました。

勇気の一歩の積み重ねが自信につながり、人生が変わると信じています。

27

日々の「選択」と「行動」が未来をつくる。未来を予測することはできないが、「選択」と「行動」は自分で決めることができる

私のモットーは【一期一会】。
人との出会いやご縁をとても大切に考えています。

私は一人でいるよりも誰かと思いや経験を共有することに喜びを感じますし、人との出会いが自分の人生をも変えると思うからです。そのため、自分が相手にできることは全力でしたいと考えています。

おおげさなことではなく、おすすめのお店を見つけたら教えてあげたいし、素敵な情報があれば紹介したい。悩んでいたら相談に乗りたいし、私にできることがあれば全力で応援したい。素敵な人たち同士がつながったら夢の実現速度が加速しそうだと思ったら、人や場もおつなぎします。幼少期から毎日の挨

拶を大切にしたり、常に笑顔を心がけていたりしていることもご縁に関係しているかもしれません。

私はありがたいことに昔から人に恵まれ、まわりには素敵な人たちがたくさんいます。どの出会いも運命だと思っていますが、自分がずっと家にいたら出会えなかった人たちばかりです。

小さい頃は「いつか白馬に乗った王子様が迎えに来る」と思っていましたが、迎えに来てくれる保証はないことにやがて気付きました（笑）。迎えに来るのを待つのではなく、「どんな人が自分にとって理想なのか」を考え、「その人にふさわしい人になるためにはどんな自分を目指すか」。そこを明確にして日々努力をしながら王子様を探したほうが早いかもしれません。

勇気をもって踏み出す一歩が、未来を切り開くカギになると思うのです。

ちなみに私は学生時代から「理想の人は将来結婚して幸せな家庭を築ける誠実な人」だと思っており、初めてお付き合いしたのが今の夫です。お互いに「付き合う＝結婚」と考える今どきめずらしい古風な運命の相手でした（笑）。

家族になってお互いが身近な存在になればなるほど「当たり前の存在」だと思ってしまいがちですが、お互いに日々感謝の気持ちを伝えるようにしています。毎日の「対話」が何よりも大切だと思うからです。

また、どんなに忙しい朝でも、「いってらっしゃい」「いってきます」と笑顔で挨拶をしています。人生何が起きるか分かりません。未来を予測することはできませんが、「選択」と「行動」は自分で決めることができます。

明日、万が一があったとしても後悔しないか。

いつも考えています。

同世代のママ友が幼い子を残して病気で亡くなりました。思いやりにあふれたすばらしいかたでした。悲しくて胸が張り裂けそうな思いでいっぱいです。

突然の事故で亡くなった同級生もいます。

テレビでも連日、悲しくつらい事件や事故のニュースが流れます。

「私は死なないと思います」

と言われたことがあります。もしそうだったらどんなにいいでしょう。


日常をなんとなく過ごしているとなんとなく過ぎていきます。

夢の種を蒔かず、雑草を抜き続けている日々も忙しいです。

人は忘れる生き物ですし、毎日意識しないほうが生きやすいかもしれない。

それでも私は常に意識していたいのです。

「人は必ず亡くなります。それがいつかは誰にも分からない」

そう思うと、やっぱりやりたいことはやったほうがいい。いつか落ち着いたら……そう思っているうちにどうなるか分かりません。もし命が永遠だったら、いつかやればいいと思ってやらないかもしれない。でも、人生には限りがあるからこそ自分らしく輝けるように頑張れるのかもしれません。

日々の「選択」と「行動」が未来をつくります。「選択」と「行動」は自分で決めることができます。

自分らしく輝く人生を送るために、今日から何をしますか？

28

頭であれこれ考えるよりも自分の直感を信じるとうまくいく

私は物事を選択する時に自分の直感を信じるようにしています。明確な根拠はなくてもピンとくる時は、頭であれこれ考えず直感に従います。

たとえば、学生時代に青春をささげたハンドベル部や合唱サークル。どちらも初めて演奏を聴いた時に、なんとなくピンときて入部を決めました。

海外取材に同行できるチャンスを突然いただいた時もピンときて、「これはなんとしてでも行かなくては！」と思い結婚式を挙げたばかりの新婚でしたが同行を決意しました。ちなみに、夫と出会った時もビビッときました（笑）。

この「なんとなくピンとくる」の正体とは何か。私が直感を信じて選択する基準を考えると「自分が大切にしたい価値観」がみえてきました。

私の判断基準は、「ワクワクするか」だと気がつきました。ワクワクする選択をすることで、自分がごきげんな状態でいられます。「私が毎日ごきげんな状態で心穏やかに笑顔で過ごすこと」が、家族やまわりのハッピーにもつながると信じています。

しかし、私は最初から「自分のワクワク」を大切にできる性格ではありませんでした。幼少期に葛藤した経験があるからこそ、今では自分の気持ちに素直に生きられるようになってきました。ワクワクする直感を信じて選択・行動することで、日々を前向きに楽しめるように。

娘が４歳の時に「家族みんなが元気で幸せね～」としみじみ言われました。私の口癖なので思わずくすっとしてしまいましたが、心があたたかくなりました。

子育てにおいて、自分の心に余裕をもつことはとても重要だと思います。親として子どものことをコントロールしようとしてしまうと、イライラしてしまうかもしれません。

しかし、子どもの人生の主役は子ども自身。

あくまで親は応援団だと思います。

私たち親は過去の経験からつい色々と手や口を出したくなってしまいますが、大切なのは「笑顔のお母さんが優しく見守っていること」なのかもしれません。

「いい妻でいなくては」

「立派なお母さんにならなくちゃ」

このように自分を犠牲にしてやりたいことを我慢して自分自身を苦しめてしまうよりも、心から好きなことをやって「ごきげんママ」としてニコニコ過ごすことが大切なのだと思います。

分かったようなことを書いてしまいましたが、私は自分が心からやりたいことが分からず長い間モヤモヤ悩み続けていました。

今でこそ出張も気持ちよく行くことができ、家族も応援してくれていますが、心からやりたいことでなかったらモヤモヤしていたと思います。

仕事と子育ての両立において罪悪感はなくしたいもの。

仕事の時は子どものことを考え、
子どもと一緒にいる時は仕事のことを考えてしまう。

頭でばかり考えていると自分の心の声が聞こえなくなってしまいます。
もしも頭がぐるぐるしてわけが分からなくなってしまった時は、
「本当はどうしたい？」と、ぼーっと立ち止まって心に聞いてみてください。

29

挑戦は新たな自分に出会えるチャンス！ワクワクする自分を迎えにいこう

ボランティア活動を通して多くの出会いがありましたが、未知の領域にチャレンジするたびに新たな自分にも出会えました。ワクワクすることに対してはエネルギーがどんどん湧き、何にでも挑戦できる自分も知りました。

「初対面とは思えないほど話しやすい！」

「２人のお子さんがいるのにフットワーク軽すぎる！」

「ホームパーティー１００人は普通じゃないよ！」

「思いを言葉にする力がすごいよね！」

「連日ボランティア活動やってバイタリティありますね！」

たくさんの言葉のギフトをいただくなかで思い出したのは「ジョハリの窓」。

「ジョハリの窓（Johari Window）」とは、自己分析に使用する心理学モデルのひとつ。自分自身がみた自己と、他者からみた自己の情報を分析することで次の４つに区分して自己を理解するというもの。

・【開放の窓】自分も他人も知っている自分の性質
・【盲点の窓】自分は気付いていないが他人は知っている性質
・【秘密の窓】他人は知らないが自分は知っている性質
・【未知の窓】自分も他人も知らない性質

人には皆、４つの側面があるとされていますが、ジョハリの窓ではそれを図解にしています。４つの角度から「自分」を見つめ、自分をより深く知ろうとするものです。意外と自分で自分のことは理解できていないもの。特に、自分の長所や強みを見つけることは難しいのではないでしょうか。人と関わることで、自分では気付けなかった自分を知ることができるかもしれません。

どんな自分に出会いたいですか？　ワクワクする自分を迎えにいきましょう。

30

夢の花を咲かせるための「種まき」期間だと思うとポジティブに頑張るパワーが湧く

新型コロナウイルスの影響で緊急事態宣言がだされ、保育園が休園になった時。子どもたちと実家に戻っていたのですが、庭にひまわりの種を蒔きました。

その後、子どもたちが毎日水やりをして、芽が出ました。

日々どんどん出てくる芽を見て、子どもたちは大喜び。夏に大きなひまわりが咲いたのを見ながら「あの時はコロナで大変だったけど、今は落ち着いてよかったね」と話せる日を楽しみに過ごしていました。

種を蒔かなければ芽も出ないし、花も咲きません。

それは人生でも一緒。

夢の種を蒔かないで雑草を抜き続ける忙しい日々を過ごすのではなく、自分が大切にしたいことを優先順位をつけて取り組むことが大切だと思います。

勉強も、まさに未来への種まき。私は自粛期間を【飛躍するための助走期間】と考え、気を抜かずに毎日勉強する習慣を続けました。

子育てと仕事と勉強の両立は大変ですが、数年先の働き方を見据えると今が踏ん張り時。そう思うと頑張るエネルギーが湧いてきました。

現状を悲観するのではなく、前向きに捉えて行動すること。その積み重ねが未来を切り開くのだと思います。

あれから４年が経ち、まさに自分の夢に近づいているのを感じます。当時の私は、今こうして本を執筆していると知ったらどんなに驚くでしょう……！

夢のための種まきが、自分らしく素敵な花を咲かせるはず。あなたは、どんな種を蒔きますか？

31

インプットするだけで満足せず アウトプットをセットにすることで 人生が切り開ける

今の世の中、興味のあることがあればいくらでもインターネットや書籍で情報を収集できますが、情報を集めてインプットしたらそこからどうしていますか？

インプットした状態では、単に〝知っている〟というだけであって、〝活用できる〟わけではありません。

たとえば私の場合は人生や生き方に興味があるので、本業の勉強以外に心理学やコーチングなどを学ぶことが多いです。しかし、ただ学んだだけでは十分ではありません。

ご相談に乗る時、家族や友人知人とのコミュニケーションをとる時、所属するコミュニティのなかで自分の想いを伝えたい時など、学んだことをアウトプットした時に、しっかり知識が定着します。

インプットした経験や思考をアウトプットのために整理して自分の言葉で言語化したり表現したりすることで、初めて本当に自分のものにすることができます。「知りたい」「興味がある」というテーマならなんでも、まずは貪欲にインプットしてみてはいかがでしょうか。

そしてインプットできたら、自分のなかで完結せずに家族や友だちに話してみる、ブログに書く、匿名でもいいからＳＮＳで発信する。とにかく、自分の言葉で自分以外の誰かに伝えてアウトプットしてみると、より整理ができるようになります。しかも、ハッピーシェアをすることで誰かのお役に立つかもしれないのです。

さらに、自分の言葉でアウトプットすることで「自分らしさ」も見えてくるかもしれません。

まずは、小さなアウトプットから始めてみませんか？

32

エネルギー残量・ごきげん指数を意識しながら過ごすともっと自分を大切にできる

「この携帯電話、動かないんだけど！」と充電切れの携帯を叩きながら動かそうとする人はいないですよね？　パソコンも同じく、バッテリーが切れているのなら電源は入りません。力づくでどうにかなるものではないのです。

でも、携帯電話とパソコンの例。私たち人間だとしたらどうでしょうか？

睡眠不足でエネルギー切れなのに「寝てる場合じゃない！」と栄養ドリンクやカフェインをがぶ飲みして気合いと根性で乗り切ろうとする。寝ないようにつねったり、目をこじ開けて頑張ってはいませんか？

寝ないともたないので睡眠時間は大切にしていますというかたも、ご自分のごきげん指数は日々意識しているでしょうか？

携帯電話やパソコンの充電残量が残りわずかの場合、負担をかけないようにタスクを増やしすぎないように気を付けるのに、自分自身には負荷に負荷をかけて追い込んでいないでしょうか？　過去の私は心当たりばかりです。理想と現実とのギャップを気合いと根性でどうにかしようとして、勝手に人生をハードモードにしていました。

仕事においても子育てにおいても「ごきげん」を意識すると、みえる世界は一気に変わります。「ごきげんか」「幸せか」という観点で物事を見ると「ないもの」ではなく、「今ここにあるもの」に感謝があふれてきます。

生きづらくなってしまうかもしれませんが、頭の上に「ごきげん指数」が表示されている世界だったとしたら。自分の言葉・行動ひとつで、相手のごきげん度をプレゼントできていることにもエネルギーとごきげん指数を奪っていることにも気付けると思います。一人ひとりが、ごきげんであふれるともっと世界はハッピーになるのではないでしょうか。

もっと自分を大切にして、軽やかにワクワク行動していけたら素敵ですね。

33

一日の終わりに振り返りの時間をとり、毎日体を洗うように毎日「心」も洗う

毎日、お風呂に入っていますか？

歯磨きもお風呂も習慣になっているというかたがほとんどだと思います。

それでは、毎日「心」も洗っていますか？

仕事に育児に家事にめまぐるしい日々のなか、ストレスや何か違和感を覚えてモヤモヤしたりザワザワしたりすることはないでしょうか？

目の前のやるべきことに追われていると、立ち止まって自分と向き合う時間をとるのは難しいかもしれません。しかし、心を無にして動き続けていると心の声が聞こえなくなってしまうことがあります。

私は、一日の終わりに今日の振り返りの時間をとるようにしています。

学生時代から手帳やノートに人生計画などワクワクの未来に向かって書く習慣があるのですが、振り返る習慣をはじめてから自分のことがさらによく分かるようになり人生が大きく動きました。タイムマネジメントの振り返りはもちろん、自分の本音と向き合い、感情を言語化することでも気づきが得られます。気づきのたびに、人は成長できると思います。

振り返りといってもただその日の反省をするのではなく、「よかったこと」を中心に振り返っていきます。反省もしますが、幸せにつながるプラスの振り返り・改善点で一日を終えるようにしています。

そのうえで、モヤモヤする感情があれば向き合います。モヤモヤなど負の感情がある状態のことを私は「心に雑草が生えた」と表現しているのですが、この雑草の正体と向き合いその感情を受け止めることで次に進めるようになりました。向き合わずにすぐに雑草を引っこ抜いてなかったことにするのは、本当のポジティブ変換ではないと思います。
当初はモヤモヤする自分の心が狭いのではないかと落ち込むこともありましたが、今はまるっと受け入れられるようになりました。人間なのだから色々な感情が湧くのは当たり前です。そして、落ち込む時間を決めてとことん落ち込みきったら「悩むのはここまで！」と区切っています。
それまでの私は、つらいことや悲しいことがあったら何年も何年も落ち込み続けていました。それは、その時の出来事を心にしまいこんで向き合っていなかったからです。時間はかかりましたが、振り返って向き合えるようになってからは気持ちに区切りがついて前を向けるようになりました。

心の状態が悪いままだと、何かを頑張っても効果は半減してしまうかもしれません。むしろ、心に雑草ばかりで「どうせ自分は何をやってもダメ」と心が荒んでいる状態で何か行動するのはマイナスになってしまう可能性があります。

雑草を刈り取って、ぜひ毎日「心」を洗うことも心がけてみてください。

第３章

ごきげんを パワーアップする 仲間づくり

一人でも自分の機嫌をとることはできますが、
仲間がいれば、ごきげんはパワーアップします。
何かのご縁で出会った人も、
自ら求めて出会えた人も、
そして、もちろん家族も大切な仲間です。
その仲間づくりがうまくできたら、
みんなで一緒にごきげんになれます。

34

「子育て四訓」を心に留め、命の奇跡に感謝しながら肩の力をぬいて子育てを楽しみたい

日々、めまぐるしく成長する子どもたち。

「わが子は親が守る！」とついなんでもかんでもやってあげたくなってしまいますが、第1子育休中に出会った「子育て四訓」といわれるこの言葉を常に大切にしています。

乳児はしっかり肌を離すな
幼児は肌を離せ、手を離すな
少年は手を離せ、目を離すな
青年は目を離せ、心を離すな

子どもが赤ちゃんのうちはこの期間が永遠のような気がしてしまうかもしれませんが、日々成長していきます。わが子が愛しいからこそ、最終的には自立して自分の人生を幸せに切り開けるように成長に合わせた接し方を心がけたいと思います。

私は子どもが赤ちゃんの時から、人生全体で子育て期間を考えていたのですが、お母さん大好きなべったり期間は人生の何パーセントだろうと俯瞰していました。そうすると、あっという間に成長する今しかない赤ちゃん期間を大切に楽しもうと前向きに捉えられます。目の前の赤ちゃん期間が永遠だと思うと、泣き止まない子どもを前に時に絶望してしまうかもしれません。でも日々成長して今の目の前の子には今しか会えないと思うと見える景色が変わらないでしょうか？　一瞬一瞬を目に焼き付けたいと強く思っていました。

イヤイヤがひどい時もイヤイヤ期突入記念だと思ったり、地面にひっくり返った時も「大きくなったらイヤイヤ期の思い出として一緒に見よう」と写真を撮ったり、成長したわが子と話せる日を楽しみにしていました。

子どもたちが大きくなると、

「お母さん大好き！」

「お母さんみたいになりたい！」

「ぼく、お母さんと結婚する！」

「仲良し家族で幸せ！」

と、言葉のギフトをたくさんくれるようになりました。


もちろん、時にこちらが試されることもあります。いつの間にそんなに口が達者に……と、ケンカしそうになる時も。それでも、子どもが素直に親に自分の思いを伝えてくれるのはいいことではないでしょうか。大きくなっても何も話さなかったら心配ですし、「自分の意見はないので、お母さんとお父さんに任せます」と何も主体的に考えられない子になっても困ります。

親は子どもの応援団。

しっかりと心を離さず、わが子を信じ、見守っていきたいなと思います。

また、育児において鈍感力を大切に力をぬいてごきげんに過ごすことを心がけています。鈍感力とは、ストレスをため込まずにうまく受け流す力のこと。

あれもこれも完璧にこなそうと思うと疲れきってしまいます。子育てに日々奮闘していると知らず知らずのうちに頑張りすぎてしまっているかもしれません。私自身やや完璧主義なところがあるため、育児に関しては頑張りすぎないように常に頑張っています。なるべく肩の力をぬいてほどほどを意識することで、限界大爆発を防いでいます。自分に余裕がなくイライラしていると些細なことも気になりませんか？　私はかつてそれで失敗したので、あえて見ないようにする技も身につけました。

特に余裕のない朝はバタバタしてつい怒ってしまい、そんな自分に落ち込むこともあります。帰宅後は子どもたちそれぞれにぎゅっと独り占めタイムをつくってお話ししたり、寝た後に子どもたちそれぞれの心臓の音を聴いてみたり。お腹のなかにいたときのことを思い出したり、未来の子どもたちを想像したり。

余裕がないと忘れがちですが、わが子に出会えたことは、まさに奇跡！

奇跡の命に感謝をしながら、日々ごきげんに過ごせたら素敵ですね。

35

子どもとの対話では「何があったの？」よりも「どんな気持ちだった？」と子どもの気持ちに寄り添う

忙しい毎日のなかでも母親として子どもの感情に寄り添い、しっかり話を聞くことだけは忘れてはいけないと思っています。

そのために必要なのは、やはり対話です。仕事があるので、基本的に平日は保育園の送り前とお迎え後の4時間ほどしか子どもたちと一緒に過ごす時間がありません。その短い間にコミュニケーションをしっかりとって信頼関係を築くことを意識しています。

夜ごはんの時は、今日あった「よかったこと」「嬉しかったこと」「楽しかったこと」「伝えたいこと」を子どもたちと対話するようにしています。

「今日は何したの？」「どうだった？」と聞くことも子どもの日常が分かるという意味では必要なことかもしれません。でもそれよりも「嬉しい、楽しい、悲しい、イヤ」といった感情にダイレクトに寄り添う対話のほうを優先しています。子どもたちは、親に自分の感情を話したいものだと思います。幼くて言葉がつたなくても、一生懸命に伝えようとしてくれます。それをしっかり受け止めることが大切だと思うのです。よかったことを発表する習慣ができてから、子どもたちは「○○がイヤだったけど、△△は嬉しかった」と物事を両面から見て話してくれるようになりました。

私は子育てだけでなく仕事にも打ち込む生き方を選んだので、親子一緒に過ごす短い時間をできるだけ心満たされる幸せな時間にしたいと思っています。子どもたちと過ごす時間の「長さ」ではなく「濃さ」を大切にしています。

感情に寄り添うコミュニケーションを日々積み重ねていたら、先日娘から「お母さんって本当に優しいよね」と言われました。「どうしてそう思うの？」と聞いたら、「いつも忙しそうにバタバタしているけど、私が話をするとちゃんと私を見てしっかり聞いてくれるから。私の存在が(お母さんのなかで)濃いんだなと思えて、愛を感じるの」と言ってくれて感動！　これからも子どもたちとの対話を大切に、なんでも話せる親子関係を築いていきたいなと思います。

36

良き母親像に縛られるより頑張るひとりの女性のロールモデルになりたい

母である自分。日々たくさんの役割を担うなかでも、〝母である自分〟は私にとってとても大きく、譲れない部分です。

世の中のほとんどのお母さんたちと同じように、私も子どもたちを優しく包み込み、安心と安全を提供できるような存在になりたいと思っています。

ただ、それと同じくらい意識していることがあります。それは、「頑張るひとりの女性」として、子どものロールモデルになること。

私は母になる前から、仕事人であり妻であるひとりの女性として生きてきました。葛藤したり迷ったりすることもありましたし、イキイキと輝くことも、幸せに包まれることも、傷ついてつらいこともありました。

母親という役割が増えたからといって、そのような私が消えるわけではありません。子育てはいずれ落ち着きますが、ひとりの女性としてずっと生きていくわけです。そして私は、後悔しないように一生懸命に生きていきたい。

そんな「人としての在り方」を示していくことが、子どもたちにもいい影響を与えるのではないかと思います。

お母さんだからといって、家族の誰よりも毎朝早く起きてご飯を作らなくてはいけないとは思っていません。「お母さんは今日、仕事で夜遅くなるから明日の朝は起こしてね」と子どもたちに声をかける日もあります。

このように、私は世間がイメージする良き母親像とは異なるかもしれません。しかし、仕事と家族との時間をどちらも大切にするために日々努力しています。その頑張りを子どもたちに見せていきたいと思っています。

ここ数年、娘は「お母さんが目標！　お母さんみたいになりたい！」と言ってくれています。娘が望む未来を切り開いてほしいと思っていますが、少しはロールモデルになれているかなと嬉しく思います。価値観は人それぞれ。

あなたは、どんな生き方が幸せですか？

37

身近な家族にこそ、日々の対話を大切に感謝の気持ちを伝え合う

日頃、家族に「ありがとう」と言葉にして伝えていますか？

わが家は、日々の対話と挨拶、「ありがとう」と「ごめんなさい」をとても大切にしています。毎日コミュニケーションをとることで、【家族はチーム】を合言葉に一人ひとりがごきげんに過ごせているのだと思います。

家族だから当たり前、思っているからわざわざ言わなくても伝わるだろう……いろいろな考え方があるかもしれませんが、せっかく人間には言葉があるのだから。しっかり伝えてほしいのです。

「いつもありがとう！」

わが家は来年20周年記念なのですが、記念日は毎年欠かさずお祝いしています。家族が増えて、イベントが増えても大切な日には大切な人たちとの時間を大事にしています。バタバタあわただしい日々ですが、それでも今の日常は決して当たり前ではない。かけがえのない愛しい幸せな日々です。

子どもたちともしっかり対話をします。「お仕事だから仕方ないでしょ」ではなく、「どんなお仕事を何のためにしているか」という想いも伝えています。

小学生の娘から先日こんな嬉しい言葉を言われました。

「お母さんって太陽みたい！　お母さんがキラキラ頑張ってるから私も頑張りたくなる。私はひまわりでお母さんは太陽！」

思わず感動して泣いてしまいました。「お母さん」である自分も「仕事人」である自分も大切にしていますが、仕事と家庭との両立には葛藤があります。

正解はありませんが、自分の気持ちに正直にごきげんでいること。そのことがまわりの幸せにもつながっていると気付けてよかったです。わが家は毎日、誰かがどこかで歌っていてとてもごきげんです（笑）。

愛する家族に、どんな気持ちを伝えたいですか？

38

自分の短所は裏返せばいいし まわりの人の長所を取り入れれば 自分のポジティブな資質を増やせる

自分と向き合い、客観的な分析も含めて自己理解を進めていくと、もちろん自分のいい資質ばかりではなく、短所にも気付きます。

そんな時には思わずネガティブになってしまうかもしれませんが、逆にそれをチャンスに変えてみませんか？

たとえば、短所を長所に読み替える。よく「短所は長所の裏返し」といわれますが、視点を変えてみればガラリと印象は変わります。

信じられないかもしれませんが、私はもともといろいろなことを気にして引きずってしまうタイプです。油断すると、ついクヨクヨする。それが短所です。

でも、気にするということは〝細やかに気がつく〟ということでもあります。

ちょっとしたことにも気がつくため、そこから「もしかしたら私が悪かったのかな？」「迷惑だったらどうしよう……」と勝手に思い悩んでクヨクヨしてしまいがちです。

それなら、勝手に思い悩むことさえなくせば、長所になりえますよね。短所を裏返して、長所に読み替えることができるのです。

また、「他の人ならどうするか？」と考えてまわりの人を参考にしてもいいですね。そうやってまわりの人をよく見ていると、それぞれの長所に気づくこともできます。もしそれを自分に取り入れることができたら、自分のポジティブな資質がどんどん増えていきます。

私は学生時代、クラスメイト一人ひとりの長所を一つずつ取り入れようと考えていました。たとえば30人のクラスなら、29個も自分のいいところを増やせるわけです。

出会いの数だけ成長できると考えると素敵だと思いませんか？

39

自分が一生懸命に生きていたら誰かのやる気のスイッチも押せる

誰かを応援しようと意識していなくても、自分が行動する姿がまわりの人のやる気のスイッチを押すこともあります。

実は私、育休中から約20種類のコミュニティに入っています。自分の興味があるオンラインサロンなどに属して、そこでさまざまな刺激を受けたり学びを得たりしたいからです。

でも、自分の身体は一つしかないですし時間にも限りがあるので、「今は他のことが優先の時期」と思えば活動をセーブすることもあります。

あるオンラインサロンは数年間も休眠状態だったのですが、先日、いろいろな条件が整って本格スタートできることになりました。そして、休んでいた分を取り返すかのように熱心に課題にも取り組んでいたら、同じように休会していたメンバーが次々と復活してきたのです。私の頑張りを刺激として受け取ってくれて、図らずもみんなの活力になることができたようでした。

私は友人たちからよく「どうしてそんなに頑張れるの？」と言われるほど頑張ってしまうタイプで、正直まわりを心配させてしまっているのではないかと思うこともあります。でも、私は仕事もプライベートも夢中になれるワクワクすることを選んでやっているので特に無理して頑張っているつもりはありません。そんな私を見て、「麻里子さんからパワーをもらった」「自分ももっとできると思った」と言われることも少なくないので、誰かのやる気のスイッチを押せていると思うと嬉しくなります。

自分で意図していなくても、自分の頑張りが人を励ましている。一生懸命に生きることは、自分のためになるだけでなく人にも影響を与えることもある。そう考えると、ますますやる気があふれてきます。

40

応援し、応援されることでエネルギーが循環する

「応援が力になった」
そのような経験はありますか？

私は、応援することも、応援されることもパワーがもらえて心が元気になるため大好きです。

私の父は、常々「親は子どもの応援団」と言ってくれていました。そのおかげで、自信をもてたり頑張れたりできました。子どもの頃に、自分は応援されている、一人ではないという安心感をもてることは、人格形成に大きな影響を与えます。私が努力できる大人になれたのは、きっと家族のおかげです。

そして、応援される嬉しさを知っているからこそ、私も誰かを応援したいと心から思えました。小さなことかもしれませんが、小学校から音楽系の部活に所属して、人前で音楽を披露する時には「来てくださった目の前の人たちを、音楽の力で応援できたら」という気持ちで心を込めて演奏したものです。

今は、「大切な人たちの人生を応援したい！」と全力で思っています。

もしあなたが「私は応援されてこなかった」と思ったとしても、まずは自分自身の応援団になってください。それから、人を応援できるようになってみませんか？「頑張って」「きっとできるよ」と言葉にしなくても、笑顔を見せて見守るだけでも、きっと誰かの力になれます。

すると、自分にも力が湧いてくるのです。応援した誰かの頑張りを目にすることが、自分を励ましてくれます。

そして、人を応援できる人は人からも応援されるようになる。そうやって応援し、応援される関係性をつくっていけたらハッピーですよね。

41

安心安全なサードプレイスがあると人生はもっと彩り豊かになる

本来の自分でいられる「サードプレイス」はありますか？

サードプレイスとは、「第1の場所」である家庭でも、「第2の場所」である学校・職場でもない自分らしくいられる居心地がいい「第3の場所」のこと。日々のストレスから解放されるために大切な場であると、アメリカの社会学者レイ・オルデンバーグが提唱しました。

親になり「母」として毎日過ごすなかで、ありのままの自分でいられる場所も必要だと強く感じ、特に私は育休中から積極的にサードプレイスを探し、気付けば今では約20ものコミュニティにゆるりと参加しています。

定例のワークショップ、オンラインコミュニティ、学びの会・趣味の集まり、地域の親子ボランティア、常連さんたちとのなじみのお店など。年齢も性別も価値観もさまざまな仲間との交流から日々ワクワクの輪が広がっています。

そのなかでも特に私が自分自身の成長につながるチャンスをいただけたと考えているのが「母親アップデートコミュニティ」。一人ひとりが可能性を解放するきっかけをつくることを目的に、多種多様な属性の母親数百人が集まるコミュニティです。コンセプトは「オンラインご近所システム」。個性豊かなメンバーとの出会いやさまざまなイベントを通して世界が一気に広がりました。

私はここで、イベントでの1分ピッチや音声メディアのパーソナリティという普段なかなかできない貴重な経験をさせていただいています。新しいことを始めるということはとても勇気がいることですが、仲間の存在・仲間の日々の頑張りが私に勇気をくれました。日々メンバーとのつながりを感じ、一人じゃないとパワーをもらっています。

子育ては孤独になったら危険。わが子は可愛いと心から思います。それでも、世界が家のなかだけになってしまうと、とたんに苦しくなる。家と会社の往復だけの日々も危うい。バランスがとれている時はいいですが、たとえば子どもの体調不良、仕事のトラブル……何か少しでもくずれた時。ギリギリのバランスでなんとか保っていた日常は一気に音を立てて崩れてゆく。仕事をしている時は子どもへの罪悪感、子どもと一緒にいる時は仕事のことを考えてしまう。そして、そんな自分を責めてしまう。負のスパイラル。

これ、あるあるじゃないですか？
そんな時に分かち合える仲間がいる。話したくなる仲間がいる。
それだけで心がどれだけ救われるか。
一人じゃない。みんなも頑張っている。
子どもは日々成長していくし、今の状況がずっと続くわけじゃない。
子育ての大先輩方もいるので、先の未来がみえることも希望でした。
そして、私も誰かの希望になりたい。そう、強く思っています。

赤ちゃんが泣き止まないと責められているように感じてつらいという記事を

読んだことがあります。何をしても泣き止まない時はやっぱりありました。でも赤ちゃんは、お母さん・お父さんのことが大好きに決まっていると思うのです。「どうしましたか？　そんな時もあるよね」と、だっこしてトントンしたり、時に脳内アテレコをしたりしながら「お母さんも大好きよ」とおめでたくごきげん育児を心がけていました。同じ状況でも考え方を変えることで見える世界が変わることがあると思います。

私は、さまざまなコミュニティで多様な価値観に触れることで、勝手な自分の思い込みやマイルールに気づくこともできました。自分にとっての「普通」はまわりの「普通」ではない。一人ではなかなか気づけないことです。同じように「当たり前だと思っていた自分の強み」もなかなか気づけないもの。自分らしくいられる安心安全なサードプレイスは、素敵な仲間だけでなく、今まで気づいていなかった新たな自分にも気づくことができます。私はサードプレイスへの参加でエネルギーが循環し、毎日がどんどん楽しくなりました。

外の世界に目を向けると、日常がさらに彩り豊かになるかもしれません。

42

チャンスの神様が現れたと思ったら通り過ぎる前に絶対に前髪に手を伸ばす

「チャンスの神様には前髪しかないから、前からしかつかめない。通り過ぎた後に追いかけてつかもうとしてもつかめない」とよくいいますよね。

どんな髪型だろう？　と想像してしまいますが、これは真実だと思います。

私もここぞというチャンスの神様が現れたと思った時には、必ずつかもうと手を伸ばすようにしています。

勇気が必要だけど、やってみたいと心が動いたらチャレンジ！

それが後悔しない秘訣かなと思います。

たとえば、パーソナリティや未知の領域へ飛び込む時。成長できると思うものの、準備や確認も色々あり今の自分にできるか不安でいっぱいでした。

できる限りの準備はしたもののドキドキして一歩が踏み出せない。躊躇はしましたが、絶対にやったほうがいいと思い募集締め切り日時ギリギリに送信。ギリギリでしたが、やっぱり自分でチャンスをつかまなきゃと思って頑張りました。結果、ご縁をいただき出会いも活動も一気に広がりました。勇気の一歩が踏み出せるようになると小さな自信が積み重なり、やってみたいけれど初めてで緊張するものにも勇気を出して手を挙げられるようになりました。

もちろん、手を挙げてご縁をいただけないことも、やってみて「違うな」と思うこともあります。チャンスを必ずつかむことというよりは、日々やりたい未来に向かって準備を整えてチャンスがきたら手を伸ばすことが大切なのだと思います。チャンスと見たら必ず手を伸ばす私は、はたから見れば行動が早いようにみえるかもしれませんが、実はそういうわけでもありません。

ピンときたらすぐに行動しているわけではなく、先に見通しを立てています。石橋を叩いて叩いて叩いて……納得したら爆走！　自分のなかの一貫性を大切にできるのか。それを見極めることを意識しています。

価値観は人それぞれ。時間は平等。後悔しない選択を心がけたいですね。

43

仲間に夢を伝えることで夢の実現速度は加速する

「こうなったら最高！」という夢はありますか？
ワクワクする夢やなりたい自分が描けたら、ぜひ仲間に伝えてみてください。
私は自分の夢を共有することで、どんどん夢が叶っていきました。

将来の夢の一つに「講座を開催して多くの人の人生を前向きにするお手伝いがしたい」という想いがありました。育休中に所属のコミュニティ内で講座のアイディアレベルの段階で話したところ、「聴いてみたい！」「楽しそう！」と背中を押してもらい、驚きのスピードで実現しました。あっという間に開催日時が決まり、『ワクワクする未来を切り開く人生計画講座』というタイトルで講演家でも何でもない私が講座を開くことに。講座開催という締切日が設定されたため、当日に向けてワクワク全力で一気に資料の準備をしました。

ありがたいことに反響も大きく、当日は参加できないけれど後日アーカイブで聴きたいというかたまでいらっしゃいました。やや完璧主義な私は、講座をするなら何か資格をとってからにしなくてはいけないと思い込んでいましたが、もっと自由に軽やかにチャレンジして大丈夫なのだと気付きました。

育休中には、『未来思考プランナー』という肩書きでライフプランの連載コラム執筆など積極的に活動をしました。仲間がいなければ「いつか」やりたいという夢のままだったと思います。気が付けば、今では講座やワークショップを開催することが日常となりました。言葉にしたことで、夢が叶いました。

このように自分が実現したいことを話すことが夢を叶える近道なのですが、大事なのは「誰に話すか」だと思います。私の場合、仲間に話したからこそ効果的だったと思います。そして、仲間と出会うための行動をしていました。

人生を変えると覚悟を決めて入った育休中に多くのコミュニティに積極的に参加した私は、初めて広い世界を知りました。もちろん、自分が興味のあるテーマを探していたので、出会うのは同じようなことに関心をもち、バイタリティがあって行動する人たち。そうやって似たエネルギーが集まると、次々と新たなお誘いをいただき、自分の世界がどんどん広がりました。

社内でも素敵な出会いがあるかもしれません。私には社内にも尊敬する前向きですばらしい仲間がいます。先日学びの場があり、お互いの夢や目標も共有することで心が満たされ、仲間を想う愛の大きさにも感動しました。

帰りの飛行機は窓側の席に私一人だったのですが、窓から外を見ながら今までの人生について考えていたら「私は仲間とワクワク頑張りたかった」「夢が叶った」と思わずボロボロ泣いてしまいました。信頼できる素敵な仲間と出会えたことで心のエンジンが全開になり、自分らしくごきげんでいられることでまわりも応援してくれるのだと思います。大人になってからも、ともに感動できる仲間がいる人生は幸せだと心震えたあの日のことは忘れられません。

いきなり大きな夢を叶えるのは簡単ではありません。小さな目標の達成を重ねていくことが大切です。「なりたい自分」をイメージし、自分の言葉で仲間に伝え、勇気の一歩を踏み出すことが人生を大きく変えると信じています。

第 4 章

ごきげんに生きるためのメッセージ

まじめで謙虚な日本人だからこそ、
自らごきげんを遠ざけてしまう人は少なくありません。
もっと自分を大切にして、
もっとシンプルに楽しんで、
もっと家族と仲間を信じて、
この日本をごきげんでいっぱいにしませんか？

44

後悔しないよう生きるために大切なのは優先順位をつけること

私の人生の最大のテーマである「後悔しないように生きる」ということを何度もお伝えしているのですが、後悔したくてする人なんていませんよね。それなのに、世の中には後悔があふれていると思います。つまり、なんとなく生きているだけでは、したくない後悔をしてしまうのです。

では、どうすれば少しでも後悔を減らすことができるでしょうか。

後悔しないためにできることは、常に優先順位を考えて選択することが大切なのではないかと思います。

たとえば私は家庭を大切にしたいため、子どもたちの学校や保育園の年間スケジュール表を見て、運動会のような行事がある時には先に予定表に書き込んで仕事が入らないように調整します。もしたとえ仕事で大成功できたとしても、子どもたちが成長した頃に「お母さんは自分に興味がない。行事に一度も来てくれなかった」と信頼関係が破綻していたら、私は後悔します。行事に参加さえすればいいわけではありませんが、なるべく子どもたちの姿を見守り、いつも愛を惜しみなく注いで応援して子どもたちの成長を目に焼き付けたいのです。仕事の挽回は後々できると思いますが、子育ての挽回は難しいかもしれません。ただ、私は仕事をすることに使命感も社会的意義も感じているので、責任をもってしっかり働きたいとも思っています。家庭を大切にしながらも、もちろん仕事の手は抜きません。このバランスのとり方が大切です。

人によって優先順位は違いますし、自分でも何を優先したいのかよく分からないこともありますよね。だから自分にとって譲れないものや妥協したくないことは何なのかを、普段から意識しておく必要があります。そうやって優先順位を間違えないようにするだけで、ずいぶん後悔は減るものだと思います。

他に、人間関係においては不用意な発言をして後悔しないように適切な言葉選びをすることも大切です。発してしまった言葉は、取り消すことはできません。言葉は宝物にも凶器にもなります。人の心を言葉で傷つけてしまうことのないよう、気をつけています。

もう一つ、健康や安全面での後悔をしないように、健康管理や危機管理にも気を配っています。どうしようもないケースもたくさんありますが、注意しておくことで防げるケガや病気、事件、事故があるのも事実。

「あの時にもっと気をつけていればよかった」「無謀なことをしなければよかった」と後悔しなくても済むようにしたいものです。

後悔しないために大切なのは、優先順位をつけること。加えて、言葉選びと健康管理、危機管理に気を配ること。

後悔しないごきげんな人生を送るためにどれも大切な心がけです。
人生において大切な優先順位について、
一度立ち止まって考えてみませんか？

45

勝手に期待して勝手にがっかりしない「〇〇してくれない」からは卒業しよう

自分のパートナーや家族、親しい友人など、近しい存在の人に頼ったり甘えたりしてもいいものだと思っています。

でも甘えすぎて、つい期待どおりでないと不満を感じてしまうことはありませんか。妻や夫への愚痴が止まらない人や、家族にイライラを募らせる人は大勢います。「〇〇してくれない」とストレスを溜めてしまう気持ちも分かりますが、それは実は相手のせいというよりも自分の問題として解決できることも多いです。

何が言いたいかというと、「愚痴を言ったり相手に失望したりする前に、自分の思いをしっかり伝えておくといい」ということです。

たとえば先日、娘が「今回のピアノの発表会には、薄い紫色の大人っぽい長いドレスが着たい！」と言いました。親としては、「娘の理想に近いドレスを見つけて希望を叶えてあげたい」と思い、娘と一緒に希望にピッタリのドレスを探して用意しました。

もし娘がドレスについて何も言わなかったら、こちらはなんの悪気もなく昨年と同じようにフォーマルスーツを準備するつもりでした。

そうすると、「私は本当はドレスが着たかった……」と思われるかもしれないのです。こちらとすれば「言ってくれたらよかったのに」という感じですが、対話をしなかったことで不幸なすれ違いが起きてしまうのです。

あなたがつい「〇〇してほしい」と期待してしまうような近しい存在は、きっとあなたのことを大切に思い、喜ばせたいと考えている人であると思います。だから、理想を伝えたら「叶えてあげたい」と思ってくれるのではないでしょうか。勝手に期待して勝手にがっかりしたり拗ねたりするよりも、素直に伝えたほうがお互いハッピーかもしれません。

私もかつては夫に勝手な自分の「普通」を期待して失敗したので、今ではしっかり言葉にして伝えています（笑）。

46

「言葉の力」と「習慣の力」を味方にして日常に魔法をかける

「言葉の力」と「習慣の力」を意識していますか？

どちらも目に見えるものではありませんが、人生にとても大きな影響を与えるものです。意識して「言葉」と「習慣」を変えたことで人生は好転しました。

私はコミュニケーションの糧となる「言葉」に魅了され、大学時代は「言語文化」「日本語教育」を専攻。日本語学校での教育実習では、さまざまな国の日本語学習者の方々に日本語の授業をさせていただきました。日本の文化や日本語の美しさを再認識するなかで、日々使う言葉の力もさらに意識するように。

日頃からポジティブな言葉を使うように意識してから気持ちも前向きになり、軽やかにチャレンジできる自分になりました。感謝の言葉も幸せな気持ちにしてくれますし、相手の素敵なところをお伝えすることで、さらに相手のことが好きになります。自分の言葉を誰よりも聞いているのは自分自身。

日頃から五感を研ぎ澄まして言葉を磨く習慣が自分の心と脳にも良い影響を与えてくれます。なりたい自分・目指す未来を自分の言葉で言語化することで、目指す未来がどんどん近づきます。自分の人生をつくるのは自分の言葉です。

ポジティブな言葉を習慣化させるためにも、環境を整えることは大切です。私のまわりには前向きで魅力的なかたが多いですが、ポジティブな言葉が発するプラスのエネルギーは波動が高い。プラスの言葉に共鳴する仲間の波動もやはり高く、言葉が人をつくるのだと思います。良い習慣は人生を豊かにしてくれます。毎日の振り返り・毎週のパーソナルトレーニング・毎月のコーチングなど言葉と心身を磨く習慣を私が続けられているのは約束しているからです。

与えられる時間は平等ですが、どのように活用するかで人生は大きく変わります。自分の人生、変わりっこないと思ったら変わるはずがありません。でも、行動次第でいくらでも変わるはず。まずは、「ごきげんに幸せに生きることを決める」こと。笑顔を心がけ、明るく挨拶する習慣だけでも変わります。

あなたは一度きりの人生、どのように輝かせていきますか？

47

3つのステップを実践すれば誰でも自己肯定感を高められる

育児においても大切だといわれる「自己肯定感」。

「自己肯定感」とはなんでしょうか？

さまざまな定義がありますが、私は「ありのままの自分をまるっと受け入れられること」だと解釈しています。もっと具体的にいうと、自分の良いところだけではなく弱い部分もすべて肯定して認められる状態のこと。

自己肯定感が高いことは、自意識過剰・自信過剰だということではありません。むしろその逆。等身大の自分を客観的にみられるようになることで、人と比べて落ち込んだりすることなく自分らしい生き方ができるようになるのだと思います。

日本人の自己肯定感は、世界のなかでも最低レベルだといわれています。

私も根っからのポジティブ人間ではなくいろいろなことを気に病むタイプなので、子どもの頃に自分を肯定できていたかどうかは疑問です。

しかし今は、確実に自己肯定感が高いほうです。それは、運よく祖母がほめ言葉をシャワーのように浴びせてくれたことが幸いしたともいえますが、それだけではありません。

日頃から自分と向き合い、思考を整え、心を整え、言葉を磨く習慣が自分と人生を変えてくれたと思っています。

次の3つのステップで、どんな人でも自己肯定感は上げられます。

STEP① 「どうせ」「自分なんて」などのネガティブな言葉は言わない

自己肯定感が低い状態で、ネガティブなことを思ってしまうのは仕方のないことです。ただ、それを口に出さない。人に言わない。それだけで、少しずつでも自分に向けるネガティブな意識は薄まっていきます。

STEP② 「――でいい」ではなく「――がいい」を選択する

「成功の反対は、失敗ではなく妥協」という言葉があります。

何かを選ぶ時に、「――でいい」というのは妥協でしかありません。そうではなく「――がいい」と自らの意思で選択するのだということを自分にはっきり示していきましょう。まわりに流されるのではなく、自分が主体となって決めるクセをつけます。今のまま「が」いいですか？

STEP③ 肯定的な言葉で、理想の自分を引き寄せる

ありたい理想の自分と現在の自分との差を考えると、「なんてダメなんだろう、まだまだ理想には程遠い」と自信を失ってしまうこともありますよね。

でもそれは、理想が高いからこそ！　高い理想をもっているということは、成長する意欲があるということ。それだけでもすばらしいことです。「うまくいく」「自分なら大丈夫」と肯定的な言葉を言い聞かせることでプラスの影響が出てきます。理想に向かって努力することで、昨日より素敵な自分に出会えます。


長所も短所も表裏一体。

マイナス面も見方を変えれば強みに変わります。マイナスにみえる面も活かす努力をすることで自信へと変化します。

自信とは「自分自身を信じること」。

自分自身をしっかり理解し、弱みでさえも強みに変えて行動することが大切なのだと思います。


この３ＳＴＥＰを意識して少しずつ自己肯定感が高まると、シンプルに気持ちがラクになってもっと生きやすくなります。

48

人生の揺るぎない土台を見つければ生き方の方向性が分かる

私はよく、「人として生きる」ということを考えます。

自分の生まれてきた意味や、幸せの定義などをまったく考えなくても、もちろん生きていくことはできます。しかし、人間は自分の頭で考える能力がある生き物です。せっかく人間として生まれたのであれば、その考える能力を使いたい。

だから考えます。そして、人生の揺るぎない土台さえ見つければ、どう生きていけばいいのか方向性が分かるのではないでしょうか。

人生の土台というのは、自分の幸せの拠り所です。それを大切にするために、行動や意思決定をしていくのだと思います。

私の人生の土台は、「家族」と「仲間」と「天職といえる仕事で世の中のお役に立つこと」です。この3つがあるから幸せだといえます。それがはっきり分かってからは、いろいろなことがクリアになりました。

どんな時も、この3つを大切にするためにはどうすればいいかを判断基準にすることができます。年齢を重ね、状況が変わっても、基準さえ変わらなければ迷うことはありません。

ただなんとなく目の前のことだけを見ながら生きるよりも、どんな未来を生きたいのか、何のために頑張るのか、もっと人生を俯瞰して考えてみることで気づくことがあるかもしれません。

そして土台となる幸せの拠り所を見つけられたら、自分の言動の方向性が定まります。さらにそれがアンテナとなって、いろいろな情報をキャッチすることもできます。何に喜びを感じるのか、心動く幸せは人それぞれ。

あなたが大切にしたい人生の土台は、なんですか？

49

ワクワクする人生計画を立てて未来を切り開くために一歩踏み出そう

これまでたくさんの人に「4歳からの趣味は人生計画です！」と自己紹介してきました。そう言うと興味をもっていただけ印象にも残るようで、自己紹介として気に入っています。ただ、「自分も人生計画を立ててみたい！」という人は多くはありません。

やってみると、とても面白いです。人生計画の立て方は、特に決まりがあるものではないので、自由で構いません。

細かく計画する必要はなく、「これはぜひ叶えたい！」と思う夢や目標を具体的な映像でイメージします。現実ベースではなく、「こうなったら最高！」というワクワクした気持ちで未来の気持ちを先取りします。

たとえば私の場合、こういった感じです。

「自分もまわりも幸せで、毎日ごきげんに心身ともに健康に過ごしたい」

「やりがいのある仕事でお役に立ち、素敵な仲間と毎日楽しく生きたい」

「旅行にも毎年行きたい。両親も旅行に連れていきたい」

「25歳で結婚したい。天井の高いチャペルで結婚式を挙げたい」

「新婚旅行は両親の新婚旅行先のラスベガスに行きたい」

「結婚しても出産しても夫婦協力しながら自分らしく働き続けたい」

「子どもは2人授かれたらいいな。できれば上が女の子で下が男の子」

「いつか海外旅行で家族おそろいのリゾート服で海辺を歩きたい」

「家族もお客さまも落ち着く、あたたかい家で暮らしたい」

「家族はチームを合言葉に、みんなで協力しながら過ごしたい」

「65歳で出版し、言葉の力で多くのかたのお役に立ちたい」


われながらかなりおめでたい妄想です（笑）。

しかし、ありがたいことに実際にすべて叶ったのです。24歳で結婚し、38歳の今、思いがけない出版依頼をいただき出版の夢が叶いました。

人生計画を立てるための自己分析に、ワークシートを用いるのもおすすめです。「ライフチャート」「バランスホイール」などで検索してみると、いろいろなワークシートが出てきます。

種類はさまざまですが、多くは「家族」「健康」「仕事」「人間関係」「お金」などのようにテーマが分かれているので、人生を多面的な視点でみることが大切なのだということに気づかされます。

「人生計画」というと年表のように綿密に予定を立てなくてはいけないのかと誤解されることもありますが、計画どおりにいかないところが人生の面白いところ。

まずは、目指したい方向性・自分の「軸」を定めることが大切。ぜひ夢や理想を詰め込んだワクワクの人生計画づくりに挑戦してみてください。何度書き直してもいいんです。最高にワクワクする計画を立てたら自分の言葉にして、映像もイメージする。写真を一緒に貼っても楽しいです。

そして計画を立てたら、それに向かって一歩踏み出すことが大切です。大きな夢を描いた場合、踏み出すのが怖くて迷ってしまうこともあるかもしれません。それはきっと、踏み出したいという気持ちがまずあって、「でも怖い」と躊躇している状態。踏み出したい気持ちがあるのなら踏み出したほうがいい。
怖いのは失敗を恐れるからだと思いますが、失敗なんてありません。あるのは、成功へのトライアルだけ。やってみて「ちょっとちがうな」と思ったらやめてもいいんです。

夢は言語化すると叶います。さらに、仲間に夢を共有すると夢の実現速度は加速すると思います。勇気を出して新たな一歩を踏み出してみれば、今まで見えなかった景色が見えるかもしれません。そうすることで、今まで知らなかった新たな自分にも出会えるかもしれません。

勇気の一歩が未来を切り開く。私は真剣にそう思っています。

50

人生は思ったとおりになる どんな物語を描くかは自分次第！

遅かれ早かれ、いつか必ず死は訪れます。そして、そのタイミングを自分でコントロールすることはできません。命の始まりも終わりも自分では決められない。それなら、人生楽しんだほうがよいと思いませんか？

私は、家族やまわりの環境など、恵まれてきた部分も大きかったです。そのことには素直に感謝しています。しかし、生まれた環境があまり良くなかったとしたら、その人は人生を楽しめないのでしょうか。そんなことは決してないと思うのです。

思い悩んだり環境を恨んだりする時間は必要かもしれません。ただ、一生そのままネガティブな気分で過ごすのは、自分で自分を不幸にすることになるのではないでしょうか。考え方ひとつで、オセロのようにネガティブをポジティブにひっくり返すことができると思うのです。

なぜなら、苦しんだ経験は同じように苦しむ人に寄り添える優しさになるし、尊敬できる家族ではなかったのなら反面教師にすればいい。ないものより「あるもの」に目を向ければ、小さな幸せを見つけることだってできます。

人間は忘れることのできる生き物なので、前を向くことはできます。心の傷が深くどうしても忘れられない時は、忘れられない自分を責めるのをやめることから始めませんか。

考え方や言動を変えていけば、現状も変えられるのです。

どんな環境に生まれてどんな環境で育ったとしても人生は思いどおりになるのなら。あなたが楽しいと思いさえすれば、楽しくなります。

自分らしく輝く人生を送りたいと願う誰もがみんな、人生という物語を終える時、「楽しかった！　ありがとう！　わが人生に悔いなし」と心から言えますように。そして、ご先祖さまになった時に心穏やかに見守れますように。

51

キャリアに迷う人へ

「このままでいいのだろうか？」

キャリアの悩みは尽きないものです。
自分らしいキャリアとは、どのように築いていけばよいのでしょうか？
キャリアに正解はありませんし、すべて正解でもあります。
大切なのは、自分が納得していることなのではないでしょうか。

「自分にピッタリのキャリアが分からない！」と本を読んだりセミナーに参加したり人に相談したりしてもピンと来ず、モヤモヤしている人もいらっしゃるかもしれません。

自分がやりたいことが分からない時は、心が喜ぶワクワクするキャリアを探してみるのもおすすめです。忙しい毎日を過ごしていると余裕がなくなり心の声に気づきにくくなります。「ワクワク」の原点は自分の価値観。自分のなかの「ワクワク」をていねいに言語化してみてください。自分と対話し続けることで、自分といい関係を築くことができます。


あなたは、どんな時にワクワクしますか？

また、反対にやりたくないことはなんですか？


理由を掘り下げて考えることで、見えてくるものがあるかもしれません。

自分を深く知ることで、自分の価値観が明確になり「軸」が定まります。

定期的に自己対話し、内省習慣をつけることで納得感をもった決断ができるようになります。

人生において、ある時は最高のキャリアだと思っていてもライフステージが変わったり職場の状況が変わったり何かのきっかけでキャリアについて悩み始めることもあるでしょう。年代によってキャリアの悩みはさまざまです。

しかし、キャリアについて本気で迷う時は「自分が今後の人生をどう生きたいのか？」立ち止まって向き合うチャンスです。

人生の目的を考えて今日からちょっとアクションを起こすことで、自分らしい人生の扉が開くと思います。自分らしい人生を生きる力を、一人ひとり誰もがもっていると信じています。

あなたは今日から、何をしますか？

52
妻・母として頑張る人へ

毎日、心からお疲れ様です！
休める時に休んで、頑張りすぎないように頑張ってくださいね。
そして、日々ご自身をほめたたえてください。

あなたは今、ごきげんですか？
心から「ごきげんです！」と言えるかたは、拍手です!!

これからもあなたのごきげんで、
家族もまわりもハッピーにしてください。

新婚当時の私は「いい奥さん」を勝手に目指し、勝手にキャパオーバーになり自爆していました。夫も仕事から帰宅するなり、不機嫌オーラ全開の妻が料理を作って待っていて今思い返すと気の毒だったなあと思います（笑）。

まじめで責任感が強い人ほど「妻だからこうしなきゃいけない」「母親だからこうあるべき」と自ら追い込んでしまうことが多い気がします。

「ちゃんとやらねば」という呪縛にとらわれて、休むことに罪悪感を抱いてしまってはいないでしょうか？

かつての私も「母がしてくれたことを家族にしてあげられなくて申し訳ない」と思っていた時期もありました。

でも今はこう思います。心の負担になる時は、なるべく手放そう！

ムリをしすぎて心身を壊すことのないよう自分を労わることも大切です。

あなたの家族にとって、奥さんはあなただけ。
あなたの家族にとって、お母さんはあなただけ。

唯一無二のあなたがごきげんでハッピーでいることが、
家族みんなの幸せにつながるのではないでしょうか。

「家族はチーム」

あなたは、どんな家庭を築きたいですか？

53

夫へ

出会って約20年、人生をともに歩んでくれてありがとう。
出会いはサークルの先輩後輩、そして彼氏彼女になり、夫婦になり、今では父と母。関係は変われども、変わらぬ仲に感謝の気持ちでいっぱいです。

メンターであり、戦友であり、最高のパートナーです。

この20年、私自身が私のことを嫌になってしまうときも多々ありましたが、いつも励ましてくれて私以上に私のことを信じ続けてくれたおかげで常に前進できています。

私が悩んでいても仕方のないことで悩み続けているときは、「それって悩んで何か変わるの？」と本質に立ち戻らせてくれますね。

やりたいけれど今の自分にできるか悩んでいるときは、「やりたいならやったほうがいいよ！」と背中を押してくれる。

辞退しようかやるべきか悩んでいるときは、「それって本当に心からやりたいの？」と自分の気持ちに向き合わせてくれる。

私が自分の「軸」を大切にチャレンジし続けられるのは、応援してくれている家族の存在があってこそ。私が日々一生懸命頑張っていることが力になると言ってくれて、とても嬉しく思います。これからも日々の「対話」を大切に、家族みんながそれぞれ自分らしく幸せな人生を送れるように奇跡の積み重ねである毎日を楽しみながらごきげんに頑張っていきましょう。

【家族はチーム】を合言葉に、これからも末永くよろしくお願いします！

54

子どもたちへ

この世界に生まれてきてくれてありがとう！

命のバトンを大切に、一度きりの人生思いきり楽しんでください。
お父さんとお母さんは、いつも2人の応援団です。

やりたいことは、なんでも挑戦してね。
夢中になれることを探してね。

なんでもできるよ！　信じてるよ！　いつも見守っています。
困ったとき、悩んだときは、いつでも相談してください。

お父さん・お母さんがいなくてもまわりには素敵な人がたくさんいるよ。
助けてほしいときは助けてって言える強い人になってね。

お友達を大切に毎日を過ごしてね。
お友達は一生の宝物になるよ。

そして、自分のことも大切に！
心のなかの声を聞いて自分自身ともずっと仲良しでいてね。
失敗しても大丈夫。次はどうしたらいいか考えてみよう。
自分自身の応援団になってね。

生まれてから毎日、めまぐるしく成長する姿がまぶしいです。
２人がどんな大人になるか楽しみです。

毎日、
今日あった嬉しいこと、
楽しいこと、
伝えたい気持ちを
教えてくれてありがとう。

2人がいつも笑顔で過ごしていること、
そして毎日のように
「仲良し家族で幸せ」と言ってくれることがとても嬉しいです。

これからも2人が自分らしく輝く人生を送れるよう、
心から応援しています。

55

過去の自分へ、そして未来の自分へ

「自分の使命はなんだろう？」「何者かになって多くの人の役に立ちたい！」と常に模索していましたね。

幼いころから、「サッカー選手になりたい！」「ピアニストになりたい！」と将来の夢を明確に描けている人がうらやましかった。

具体的に目指すゴールは見えなかったけれど、自分らしく幸せな人生を送りたいと、毎日目の前のことに全力で頑張り続けましたね。困難や試練、どうしようもないと思っていた壁も向き合い必死に乗り越えていったら、気づけば目指していた場所に辿り着いていていました。

暗闇のトンネルの中にいるようなモヤモヤした時期もありました。それでも常に自分と向き合い行動し続けたこと、起きた出来事すべてに意味がありました。つらかった暗黒期も、振り返ると成長するために必要な助走期間だったなと思います。すべての経験が今につながっています。

いつも「未来の自分が喜ぶ過ごし方をしたい」と頑張ってくれてありがとう。子どもたちが1歳と4歳のときに、人生を変えるために転職したこと。夜泣きする息子を抱っこしながら自分も泣きながら毎日勉強し続けたこと。あのとき必死に頑張ったことで、今では多くの方々のお役に立てています。仲間がほしくて勇気の連絡をしたあの日があったから、今では多くの素敵な仲間に囲まれています。

今現在、私が本を執筆していると知ったら過去の私はどんなに驚きうらやましがるでしょうか。小学生のときの将来の夢は作家でしたね。それは、言葉の力で多くの方々の人生のお役に立ちたかったから。過去の私は、今後の人生の宝物になるような大切な言葉を受け取れたおかげで希望をもって頑張れました。そして、2児のワーママとして奮闘中の今、今度は自分の葛藤も含めたすべての経験が一人でも多くのかたのお役に立てたらと思い、魂を込めて本を書いています。

ごきげんに生きることで「仕事も家庭も楽しく！」は実現できる。
一人ひとりが自分らしく輝く人生を応援したい！

未来の私はどんな生活を送っていますか？
この日本がごきげんでいっぱいの世界になっていますように……！

おわりに

「もしも生まれ変わったら何になりたい？」


小学校の宿題に出て、とても悩んだことを久しぶりに思い出しました。

当時の私はコンプレックスの塊でした。

「今度は人間じゃなくて何か別の生き物になったら楽しそう」

「でもやっぱり人間がいいかな。今度は日本人じゃなくてもいいかも」


悩みに悩みました。そして、悩んだ末に書いた回答は、

「また私に生まれ変わりたい」。


もしも今の私じゃなかったら、両親が違うということ。両親が違うということは、弟たちも当然この世に存在していないし、祖父母にも親戚みんなにも会えないということ。生まれる環境が違えば、今まで出会えた友達にも先生にも

出会うことがない。そう思うと、また自分自身に生まれたいと思いました。

当時の私は自分のことがあまり好きじゃなかったのですが、奇跡のような確率で今の自分がこの時代、この国にいるのだと思うと、もっと自分自身を大切にしたいと思いました。もっと自分と仲良くなりたいし、もっと自分のことを好きになりたい。そして、もっと自分にワクワクしたい。今の私のまま過ごす未来はあまりワクワクしないけれど、考え方や物の見方を変えて行動を変えることで、ワクワクする未来を切り開きたい。子どもの頃の私がそう願ったことで、人生が好転しだしたのかもしれない。

今回の執筆にあたり今までの人生を振り返り、過去の自分とひたすら向き合ってきましたが、そのことに気づいたとき、なぜか突然涙が出ました。

「自分らしく輝く人生を送りたい」

心のなかの自分は、ずっとそう思っていたのだと思います。

勝手に自分で自分の限界をつくって、可能性に蓋をしたくない。

小学生時代、絵本作家にも憧れていて、こんな絵本を描きました。
ある境遇で友達がいなかった主人公。ずっと一人で孤独でした。
自分から話しかけたくても話しかけられない。そんな自分が嫌いでした。
それじゃあ、どうしよう？

1. 話しかけるのはこわいから、今までどおりにする
2. 勇気を出して自分から笑顔で話しかけてみる

選んだ選択で、物語の結末が変わるというお話です。この絵本を通して、私は自分から勇気の一歩を踏み出すことが望む未来を切り開くという希望を伝えたかったのだと思います。主人公は、本当はこうなりたいという心の声を大切に自らが行動を起こしたことで、逆境を越えてたくさんの仲間に囲まれて毎日笑顔で過ごすことができるようになりました。

「自分を大切に、自分を信じることで幸せに生きられる」
「あなたの『ごきげん』が自分とまわりをハッピーにする」

人生には楽しいことだけじゃなく、悲しいこともつらいこともあります。それでも、希望をもつことで前を向けると思うのです。この本が、新たな一歩を踏み出したいと前向きになったり、心がホッと軽くなったりする、そんな、あなたの人生に寄り添える存在になったら嬉しいです。

今回の出版依頼のお話は、夫婦のパートナーシップや家族の話などどこまで開示するか葛藤もありましたが、「これから世の中の女性活躍がどんどん進むにあたり、今回の出版は絶対にしたほうがいいし世の男性陣こそ読んでほしい」と言ってくれた夫の言葉も後押しとなりました。「お母さんの本を読んだら、みんながもっとハッピーになるね！」と応援してくれた子どもたち、そして家族にも感謝をしています。

「4歳からの趣味が人生計画である横田麻里子さんの生き方・子育ての考え方について、ぜひ本にしませんか？」

游藝舎の今井さんと清水さんにお声がけいただかなかったら、この本が誕生することはありませんでした。また、こんなにも早く世に出ていなかったと思います。

4年前に受けたインタビューで、次の話をしました。

「一度きりの人生、一人ひとりが後悔なく前向きな人生を送ってほしいなと思っています。幼い子どもがいる私が自分らしくイキイキと働いていたら、自分の子どもたちはもちろん、多くのかたに勇気や希望を与えることができるのではないかと思っています。一人でも多くの人にワクワクする人生を送ってほしいなと思います。そのためには、多くの人と出会いたい。講座もしたいし、イベントもしたいし、本も出したい！　夢は広がるばかりです（笑）。ごきげんな人が増えることで、家族も世界もハッピーになるはず。ご縁ある素敵な人たちと、人生や夢について語り合いたいなと思います」

Unlock your future!

自分らしく輝く人生を送るために
ごきげんに生きる55のカギ

2024年８月31日　初版第１刷発行

著　者　横田麻里子

発行所　株式会社 游藝舎
東京都渋谷区神宮前2丁目28-4
電話 03-6721-1714
FAX 03-4496-6061

印刷・製本　中央精版印刷株式会社

撮影　稲垣純也
編集協力　尾﨑久美
デザイン・DTP　本橋雅文（orangebird）

横田麻里子

よこた　まりこ

1986年東京都生まれ。4歳からの趣味は人生計画。東京女子大学卒業後、約11年間、教育業界の編集者として仕事に没頭する。

その後、「大切な人たちの人生を応援したい」という想いから金融機関に転職。

育休中に「毎日をごきげんに過ごすために人生を整えたい」と思い、整理収納アドバイザー1級を取得。

「ワクワクする未来を切り開く人生計画講座」を開講。

パラレルキャリアでは「女性活躍」「子育て支援」「キャリア支援」を軸としたライフプラン・キャリアプラン・マネープランなどのイベント企画運営や講師・取材・ライター・コーチ・パーソナリティとしても幅広く活動する。

【家族はチーム】を合言葉に、夫と協力しながら2児の母として育児に仕事に趣味に楽しみながら自分らしい人生を計画中。


この本のご感想などありましたらご連絡いただけたら嬉しいです。

Instagram
@mariko_yokota

まさに、夢が実現しました。

第2子育休中にご縁をいただきライフプランの連載コラムを執筆していたこと、昨年からパーソナリティとして「自分らしい人生・キャリア」についてお話ししていたこと。そのとき自分の心が動くことに勇気を出して全力でチャレンジしていただけなのですが、すべての出来事がつながりました。でも、そのすべての出会いが必然のような気もするのです。

すべて奇跡のような偶然の出会いがきっかけです。

すばらしい出会いに恵まれ、お一人おひとりと関わるなかで今の私があります。これまで出会えたすべてのかたに心から感謝しています。

本書の刊行にあたってお世話になった碇さん、尾﨑さんに、この場を借りて厚く御礼申し上げます。

最後までお読みくださり、ありがとうございました。

本を通して出会えたことを嬉しく思います。一度きりの人生、後悔なく幸せな人生を切り開けるよう心から願っています。

2024年8月　横田麻里子